MINERVA
TEXT
LIBRARY
33

目からウロコの
経済学入門

山﨑好裕 著

ミネルヴァ書房

はじめに

　経済学はとかく難しいと考えられがちだが，どうしてだろうか。毎日の暮らしや仕事をある面から見れば経済ということになる。日々の暮らしのなかではたいして珍しいことが起きるわけでもないし，毎日毎日平和に過ごせることが幸せというものだろう。こうして，経済学が扱うのは何気ない日常であるということになる。ニュースになるわけでもなく驚くようなことが起きるでもない。それでも本当に大切なもの。それが経済学が扱う対象なのだ。

　あまりに当たり前で，普段は殊更に考えてみることをしない。身近なことはよくわかるけれど，他の人や他の会社でやっていること，全体のことはよく見えない。経済学が難しいとされる理由は，案外そんなところにあるのかもしれない。

　人は生きるために食べる。食べるために働く。経済は結局，私たちが生活に必要な品物を作り出し，それを流通させ，使うことに他ならない。これは昔から数えきれない回数繰り返されてきたことだし，国籍にも地域にも関係なくいえることだ。私がアメリカの田舎町に行って感じる人への愛おしさの源は，「ああ，こんなところでも人は幸せに生きている」ということにある。話す言葉に英語と日本語の違いはあっても，自分や家族の幸せを思って日々を生きていることは何ら変わりない。また，生活の糧を得るために働き，仕事のなかに生き甲斐を見出したり，うまくいかないといって悩んだりするところもいっしょだ。

　このように当たり前の経済を全体として見るとき，当たり前と思っていたことが実は不思議で驚きに満ちていることに思い至ることがある。また，同じようなことでも考え方や仕組みが国によって違うこともある。これらを感じ，学ぶことに経済学の面白さがあるのだ。

経済学は面白いだけでなく役にも立つ。よく経済学を学ぶとお金持ちになれると思っている人がいるが，本当にそうなら私ももうちょっと楽ができているだろう。お金持ちになりたいなら学ぶだけではなく，よく働き，それで得たお金をよく守り育てることだ。経済学が役に立つといってもこういう意味ではない。

それでは経済学をよく知れば，会社での仕事や経営がうまくいくようになるのだろうか。これもちょっと違う。経済学ではどういう会社がうまくいくかはいえるが，どうしたらうまくいくかのノーハウを教えることはしない。これを学びたいなら，役立つかどうかは別として現場の経験やコンサルティングの必要から生まれた経営学を学ぶべきだろう。経営学は，会社経営のいろはを学ぶマネジメントや，顧客や市場の扱いを学ぶマーケティングなど，いわゆる実践的な知識の集積である。

同じお金のことを扱っていても経済学は会計学とも違う。会計学は，正確さを期すために複雑な処理が必要とされる会社でのお金の計算の仕組みである簿記について，理屈づけをした学問である。会計の難しさは帳簿処理の手続き的な難しさである。会計も重要な経済の制度であるから，現代日本のようにその変化が経済自体に重要な影響をおよぼすことはある。しかし，経済学からの会計への基本的な視点は，細かいことは現場に任せて，何が本質か，重要なことから理解しようよ，というものである。

じゃあ，いったい私たちの暮らしや仕事に経済学はどう役立つのか，いってもらおうじゃないか，ということになるだろう。それはすでに述べてきたことからある程度推察してもらえるとおり，経済の全体を見通して自らの暮らしや仕事を考えられるようになるということである。このことは現代のように変化の激しい時代に，次々と立ち現れてくる経済のこれまで知らなかった局面に早くなじんでいくのには大きな助けになる。また，景気の動向や経済成長の行く末など，経済のこれからを自分なりに見据えて次の一歩を踏み出すのにはなくてはならない知識だろう。

はじめに

　本書は，仕事の助けに経済学を手早く学びたいと考えるビジネスマンの方々はもちろん，「経済学なんて全然ダメ，経済は苦手なのよ」と思っていらっしゃる主婦の皆さんが，「あら，すごくわかるわ」とおっしゃっていただくことを念頭に書き下ろした。また，大学に入学されてこれから経済学を学ぶぞ，という学生の皆さんや，経済に関心のある高校生の皆さんまで，広くそれぞれに役立てていただけることと思う。経済というと必ず出てくると思われている数学はいっさいなく，数値計算やそれにまつわる理屈も，コラムという肩のこらないかたちにまとめた。自画自賛になるが，労せずして経済と経済学の全体像がわかるきわめて「経済的な」テキストに仕上がっていると思う。

目からウロコの経済学入門

目　次

はじめに

第1章　経済の大きさって？——産業と所得 …… 1
1．GDPをとことん理解する …… 1
2．産業は勤勉から …… 3
3．所得は支出、支出は所得 …… 5
4．国の富ってなんだろう？ …… 7

第2章　所得の分配と社会保障 …… 11
1．2つの国民所得 …… 11
2．社会保障制度は大切 …… 14

第3章　家計は経済の増幅器——家計の消費と貯蓄 …… 19
1．家計とは何か …… 19
2．家計は消費の主体 …… 21
3．家計の投資って？ …… 24
4．お金は使えば使うほど …… 25

第4章　働けど働けど……——所得階層と失業 …… 29
1．貧困をどう考えるか …… 29
2．働きたくても働けないとき …… 32

第5章　企業は誰のもの——企業の収益 …… 37
1．企業は所得の工房だ …… 37
2．コーポレートガバナンスって？ …… 39
3．企業の利益と安定性 …… 42
4．企業はどう変わる …… 44

第6章　投資は経済の原動機 …………………………………… 47
1．投資のいろいろ ……………………………………………… 47
2．投資の資金はどこから？ …………………………………… 49
3．企業の投資決定のあり方 …………………………………… 51
4．投資が経済成長をもたらす ………………………………… 55

第7章　政府の役目と税金の仕組み ………………………… 57
1．税金のいろいろ ……………………………………………… 57
2．税金は必要悪？ ……………………………………………… 59
3．国債発行は許されるか？ …………………………………… 62
4．国債発行の影響 ……………………………………………… 63

第8章　政府のお金の使い方 ………………………………… 67
1．政府の働き …………………………………………………… 67
2．政府の消費と投資 …………………………………………… 69
3．政府と景気 …………………………………………………… 72
4．政府と経済成長 ……………………………………………… 74

第9章　お金は経済の血液 …………………………………… 77
1．お金の役割 …………………………………………………… 77
2．お金の量を考える …………………………………………… 79
3．お金とGDP ………………………………………………… 82
4．中央銀行の仕事 ……………………………………………… 83

第10章　金融の仕組みをのぞいてみれば …………………… 87
1．金融とは何か？ ……………………………………………… 87
2．金融機関の役割 ……………………………………………… 89

3．銀行と企業 ……………………………………………… 92
　　4．銀行への規制 …………………………………………… 94

第11章　金利はどうやって決まる？ ……………………… 97
　　1．銀行と貸付金利 ………………………………………… 97
　　2．証券会社と社債発行 …………………………………… 99
　　3．証券と金利 ……………………………………………… 101
　　4．長期金利と短期金利 …………………………………… 103

第12章　国のつきあいと国際収支 ………………………… 107
　　1．外国にお金を送るとき ………………………………… 107
　　2．国境を越えたお金の貸し借り ………………………… 109
　　3．国際収支を構成するもの ……………………………… 111
　　4．国際収支の理屈はおわかりですか？ ………………… 113

第13章　為替レートの決まり方 …………………………… 117
　　1．為替取引の実際 ………………………………………… 117
　　2．同じものを買うならどの国でも ……………………… 119
　　3．金利と先物レート ……………………………………… 121
　　4．経済政策の効果と為替レート ………………………… 123

第14章　物価は経済の体温 ………………………………… 127
　　1．物価って何？ …………………………………………… 127
　　2．物価指数の考え方 ……………………………………… 129
　　3．インフレとデフレのメカニズム ……………………… 132
　　4．物価変動と金利の関係 ………………………………… 134

目　次

第15章　これからどうなる！――経済成長と景気 ……………………… 137
　1．経済成長と金利 …………………………………………… 137
　2．経済成長をもたらすもの ………………………………… 138
　3．景気の変動はなぜ生じる？ ……………………………… 141
　4．景気は誰が判定する？ …………………………………… 143

―― コラム ――

1　経済成長率とは？… 5
2　フローとストックのからみ合い… 10
3　潜在的な国民負担率… 13
4　退職金と年金… 17
5　消費と資産… 23
6　使うほど豊かに… 26
7　社会の不平等さを測る… 31
8　雇用のミスマッチ… 35
9　損益分岐点分析とは？… 41
10　株式資本利益率について… 45
11　キャッシュフローの考え方… 54
12　投資と経済成長とのバランス… 56
13　所得税額の計算… 61
14　金利と国債価格… 65
15　税金の割合とGDP … 71
16　政府とともに成長する経済… 75
17　マネーサプライの調整… 81
18　手形買入オペ… 85
19　貯蓄と投資… 91
20　貸付額と銀行の自己資本比率… 96
21　CBとワラント債… 100
22　資本コスト… 105
23　Jカーブ効果… 110

- 24 国際貿易乗数… 115
- 25 物価と為替レート… 120
- 26 現先スプレッド… 124
- 27 GDPデフレーターの計算… 131
- 28 実質経済成長率と名目経済成長率… 135
- 29 恒常所得とは？… 140
- 30 加速度原理について… 145

第 1 章
経済の大きさって？
―― 産業と所得

1．GDP をとことん理解する

　自分のうちが豊かかどうかを考えるとき，何を基準にするかといえば，やはり**所得**であろう。所得とはお父さん，お母さんが汗水たらして働いた成果である。日本にしてもアメリカにしても経済全体を考える場合も，その大きさを測るのは所得である。国民の所得の合計であるから**国民所得**と呼ばれるのだが，一足飛びにそこに行く前に耳になじみのある **GDP**（Gross Domestic Product）から見ておこう。

　GDP は**国内総生産**という言葉の英語について頭文字を並べたものだ。ここでまず気をつけておかなければならないのは，総生産という名前にもかかわらず，一つひとつの会社での売上げを全部合計しても GDP にはならないということである。なぜかといえば，ある会社が品物を作るとき，その原材料などを別の会社から買ってくることが普通だからだ。それをそのまま 2 つの会社で足し合わせてしまうと二重計算になってしまう。経済全体で考えようと思ったらこうした二重計算をすべて省かなければならない。

　したがって，GDP を一気に測ろうと思えば，店頭で販売されている製品の値段を全部足し合わせることである。これならばいっさいのダブりを省くことができる。製品ができるまでの段階を追って足し合わせていくことで GDP を導こうと思えば，外から仕入れてきた原材料や品物の購入金額は省いてその会

▶自動車の生産ライン

自動車メーカーでは,関連企業から購入した部品を自動車に組み上げることで付加価値を作り出す。

（写真提供：共同通信社）

社が新しく付け加えた金額だけを積み上げていかなければならない。こうして新しく付け加えていく金額ということから,その金額のことを**付加価値**と呼んでいる。この言葉を使うならば,GDPは1年間にその国で作り出された付加価値の合計額ということなのである。

　会社で考えてみよう。売上げから原材料費を引いた金額は一体どう処分されるだろうか。まず,はじめに見ておかなければならないのは,会社で品物を作るといっても,何もない原っぱで作るわけにはいかないということだ。品物を作る場合,それを作るための工場もなくてはいけないし,工場には機械も設置されているはずだ。また,工場が建設されている土地も必要である。これらは会社が事業を営むための基礎であってどこかでお金を払ってこれらを調達しているはずだから,それに相当する金額を**資本**と呼ぶ。この資本がいわば姿を変えた工場や機械を使用して品物は生産される。しかし,土地は古くなってしまうことはないが,人間が作った工場や機械はやがて古くなり,20年後,30年後には取り壊しや廃棄の運命だ。仮にその年月を20年とするならば,これらの工場や機械は毎年毎年元の価値から20分の1ずつを失っていくことになるだろう。これを称して**資本減耗**という。売上げから原材料費を引いたものからは,この分を差し引いておかなければならない。個々の会社では資本の減耗に相当する部分を減価償却費として費用と考えるとともに,これにあたる金額を20年後の建て替え,買い換えに備えて貯えておくことになる。経済全体を考えるときは,単純に今年のGDPから差し引かれる。GDPは日本語で国内総生産と呼ばれて

いるが,「総」と訳されている英語のもともとの意味は,粗っぽいの「粗」ということである。

さて,話を個々の会社に戻そう。会社では工場で機械を使って品物を作るが,工場で直接製造に携わる人々や営業や経理など販売を支える人々が従業員として当然必要だ。この従業員たちへの人件費が付加価値からは支払われる。経済全体で見ても,この勤労者への支払いが所得のいちばん大きな部分だ。「人は食うために働く。それが経済だ」と私がいった意味が最もよくわかるところだ。会社の経営活動を担う役員やいわゆる重役への報酬もこれに含めて考えていい。

じゃあ,従業員や役員への報酬を引いた残りはどうなるかといえば,もちろん,個々の会社でいうと利益になる。この利益はもちろん会社の究極のオーナーである株主に配当として分配されていく。この株主としての所得は,株式という財産,ひいては会社の資本という財産を部分的に所有していることから得られるものである。実際には利益がすべて配当として財産所得になってしまうわけではない。利益は株主の合意の下で一部会社のなかに貯えられて事業の拡大の元手になる。これが**内部留保**というものだ。

2. 産業は勤勉から

産業を表す英語は,もともと勤勉を意味していた。自分の暮らしのために生業で一生懸命に働いていたらそれが産業になったのである。経済の大きさということでいえば,アメリカは大雑把に日本の2倍の規模がある。世界一の経済である。日本はそれに次いで世界第2位だ。だが,アメリカの人口は日本の2倍あるから,一人あたりで見るとGDPの規模は同程度だ。日本人もアメリカ人も同じように勤勉に働いているのである。

産業はその製造する品物によって3つに分けるのが普通である。**第1次産業**は農林水産業のことであるが,日本でもアメリカでも作り出す所得で見ればそれはとても小さい規模になっている。約1％程度しかないのである。生活が豊

かになるにつれて食料に使うお金が小さくなっていることがこれに対応している。第2次産業は鉱工業のことである。近代の文明を代表する産業といえるが，現代ではその大きさは徐々に小さくなっている。作り出す所得の大きさでは日本で3割，アメリカで2割といったところだが，ここにモノ作り大国日本の姿が反映されている。

　第3次産業の特色はかたちのある品物を作り出さないことである。それでは何を作り出しているかといえば，サービスというものである。床屋に行って髪の毛を置いてきているのに何で金払わなきゃいけないんだ？などという小咄もあったような気がするが，それはもちろん床屋では髪を切ってもらうというサービスを受け，これに対価を支払っているのである。

　日本では長らく「これサービスです」といえばタダという意味で受け取られてきたが，もともと英語のサービスにタダの意味はない。所得を作り出す割合で見ると，日本で6割，アメリカで7割といったところであり，ここにサービス大国アメリカの姿が如実に出ているとともに，日本のサービス軽視の姿勢がにじみ出ているように感じる。

　広い意味でのサービス業には，運輸業や携帯電話などの通信事業，ガスや電気などの公益事業も入る。また，これからの動向に注目の集まる金融や保険，不動産も第3次産業だ。この他，商業や流通業と一括される卸売業や小売業，ホテルや医療，娯楽や法務，教育や飲食業ももちろんサービス業である。まさに現代を代表する種々雑多の仕事がここに入る。

　人々は豊かになると，かたちのある品物は一通り持っているようになる。そこからさらにお金を使ってもらおうと思えば，かたちがなくその分可能性も無限大のサービス業を発展させていくことだ。とりわけ，これまで比較的サービスが軽視されてきた日本では，これは重要な観点である。

　さらにいえば，日本でもアメリカでも政府が作り出すGDPが1割程度あるのだが，これは何のことかわかるだろうか。GDP，すなわち所得といえばすぐにわかるだろう。公務員の給料のことである。政府は公共サービスを作り出

す公務員に対価として給料を支払っている。つまり，政府も公共サービスを作り出すという意味で最も広くはサービス業ということになり，この判断でいけばGDPの7割から8割はサービス部門で生み出されている。まさに現代の豊かな経済は，かたちのないもので支えられているのである。

コラム1　経済成長率とは？

　日本のGDPが昨年の500兆円から，今年の510兆円に増えた。今年の経済成長率は何％か。

　経済成長率というと難しく思ってしまうかもしれないが，その国の経済がその1年間でどのくらい大きくなったかという割合だから簡単なことだ。年収が1％増えればその分，暮らしは豊かになる。

　今年は昨年に比べてGDPが10兆円増えている。昨年を基準に考えるから，この10兆円を500兆円で割ると成長の割合が計算できる。

$$10 \div 500 = 0.02$$

　これを百分率で表せば2％なので，今年の経済成長率は2％である。

3．所得は支出，支出は所得

　会社でいくら一生懸命働いても作った品物やサービスが売れなければ，結局売上げにはならず，私たちのところに回ってくる所得も少ない。所得が生み出されるのは誰かがお金を使って品物やサービスを購入してくれるからだ。支出

があって初めて所得も生み出されるのである。

　じゃあ，誰がお金を使ってくれるのか。経済が皆で織り成される全体である以上，お金を稼ぐのも使うのも私たち自身なのである。稼ぎたければ使わなければならない。使えば使うほどたくさん稼げる。かわいい子には旅をさせろ，ではないが，たくさんお金を稼ぎたければ自分もたくさんお金を使わなければならない。

　先ほど，私たちはGDPを，品物やサービスを作り，売上げをあげる側から見ていたが，今度は品物やサービスを購入する側から見てみよう。誰がどれだけお金を使って品物を買ってくれているのかということである。店頭での売上げに誰がどれだけ貢献しているかといってもよい。製品を最終的に購入するのは誰かと考えたとき，まずすぐ思い浮かぶのは，私たち自身が生活のために野菜や肉，衣服を買ってくることである。こうした活動を**消費**と呼ぶことはよく知られているが，当たり前のことながらこうして使われる所得が割合的にはいちばん多い。ここでもやはり，私たちは食うために経済活動をしているといえるのである。どのくらいの割合かといえば，GDPに対して日本で6割，アメリカで7割である。アメリカは大量消費社会の典型と目されているが，数字的にもそのとおりなのだ。日本もがんばって消費を増やさないといけないという発言はこうした比較からきている。

　残りの所得はどのように使われているのだろう。それは**投資**によってである。投資という言葉ははっきりいって難しい。意味が難しいのではなく，いろいろなイメージで使われるから，きちんと文脈を区別する必要があるということだ。投資は本来，お金をいったん手放すがやがて子どもをつれてお金が帰ってくる，そんなお金の使い方である。これに比べて消費では，いったん手放したお金が戻ってくることは想定されていない。

　いまGDPとの関係で述べている投資は，株式や国債を購入する証券投資ではなく，会社が行う設備投資のことであり，工場を新たに建設したり生産設備を購入したりすることである。また，新たな店舗を設けたり営業車を購入した

りすることも設備投資である。これをなぜ投資と呼ぶかというと，企業が事業の拡大をするためにお金を使うのは，やがてより大きなお金を伴って戻ってきてくれることを予定してのことだからだ。たとえ，同じ車種の自動車を買っても，会社が営業車として買えば投資だが，私たちが自家用車として買えば耐久消費財の購入であり，今年の消費になる。逆に私たちがノートを購入すればもちろん消費だが，会社で経理のためにノートを買えば，これは売上げから差し引かれる経費であり，そもそもGDPに含まれない。品物の種類ではなく，誰が何の目的で購入するかでずいぶん違うものだ。

　所得のうち，会社が行う投資として処分されるのは，アメリカでは1割強だが日本では2割にあたる。企業社会日本は，経済全体で見ても会社におんぶする部分が大きいのである。

　日米両国ともGDPから消費と投資を差し引くと2割が残る。この2割は政府がお金を使うことによって生み出される所得である。政府は利益をあげることを目的としていないし，何かを売って対価をもらうこともしない。しかし，政府が活動するにはやはり先立つものが必要だから，税金というかたちで私たちから毎年強制的にお金を徴集する。このうちGDPの1割に当たるお金が，公務員の給料として支払われて彼らの所得になるのであった。では残りの1割はどうなるかといえば，ノートやボールペンが買われて公務員の活動のなかで使われたり，パソコンや道路，港湾といった機械や建物，公共設備の購入，新設に使われたりすることになる。所得の2割を処分する政府の存在感は，やはり現代経済で大きな位置を占めているといえるだろう。

4．国の富ってなんだろう？

　よく国内総生産などというと，それだけの金額がどこかに貯えられているようなイメージを持つ人がいるが，これは間違いである。このことは年収1000万円の人が年末に手元に1000万円持っていないということを考えてみればよくわ

かる。毎月稼いだ月給は，月々の生活費のなかで多くが消えていくのである。私たちは稼いでは使い，稼いでは使い，を繰り返して1年を過ごすのである。年収の金額というのは1年間稼ぎ続けたお金の合計であり，逆の面から見れば1年間支払い続けたお金の合計である。年末には手元に残る現金はほとんどない。

　GDPも国民の所得合計である以上，これとまったく同じ性質を持っている。GDPは生み出されては消えていきながら国民の生活を支える金額の合計であり，所得の流れのようなものなのである。結局，所得をいくら稼ぐかが重要ではなく，その所得を使って私たちが暮らしていくのが目的である経済だから，こうした，生み出されては消えていく金額こそ経済では最も重要な意味を持っている。このように生み出されては使われていくお金の流れを**フロー量**という。フローのもともとの意味はズバリ流れである。

　お金というものはすべて金額で表されるから，ときどき紛らわしいことが起きる。先ほどの年収1000万円というのと，いま手元に1000万円あるというのとでは，まったく違うことはわかるのだが，1000万円という金額に紛らわされて混同してしまいがちだ。お金持ちという言葉も同じように混同して使われる。年収1億円のエグゼクティブも，1億円の土地を持っている老人も「お金持ち」だが，前者はフローのお金持ちだし，後者は財産のお金持ちということがいえる。財産のようにその時点でいくらあるかという金額のことを**ストック量**という。この言葉を使えば，土地成金の老人はストックのお金持ちということがいえる。

　ストックのもともとの意味は，よく知られているように蓄えということだ。蓄えだから，どの時点で見るかによって金額が違ってくる。国民の財産がいくらあるかの金額を**国民総資産**と呼ぶが，これは年末の金額で考えることが決まっている。この金額はどれほどになるかといえば，日本の場合，GDPの十数倍程度である。長い日本経済の歴史のなかで，毎年のフローから日本人がコツコツ貯めた金額が，今やこれだけになっているということだ。

　国民総資産は，大きく分けて**実物資産**と**金融資産**からなっている。実物資産は，土地や建物，機械や生産設備など，文字どおり実際かたちのある財産であ

る。これに対して，金融資産はかたちを持たない。かたちがないといっても株券や債券，保険証券や預金通帳がこれに相当するから，かたちがあるじゃないかといわれるかもしれない。だが，これらの紙切れに実際価値があるわけではないことは誰の目にも明らかだ。株券を除けば，これらの金融資産は人にお金を貸したという証明書に他ならない。つまり，金融資産の実体は一定期間後に利息といっしょにお金を返してもらえるという権利，すなわち**債権**である。

だが，債権の裏には債務がある。国民の誰かが債権を持っているなら，他の誰かは一定期間後に利息と一緒にお金を返さなければならないという**債務**を負っているはずだ。経済を全体として見るときは，これらの債権と債務は相殺されてしまうから，金融資産は国民の富を考えるときにはクシャクシャっと潰れてしまって実物資産だけが残る。この実物資産がズバリ**国富**と呼ばれるものだ。

実物資産は毎年の GDP の数倍を占めている。繰り返せば，実物資産は土地や建物，機械や生産設備のことだから，経済活動を支える舞台であり，その手段に他ならない。だから実物資産は，毎年の GDP から長い年月にわたって貯えられてきたものであると同時に，毎年の経済活動を生み出す母胎でもある。国富は毎年の経済活動の元手となる金額でもあるのだ。

ここまで説明をすれば，会社の会計に少し知識のある人は，財務諸表と同じ関係であることに気づくだろう。GDP のようなフロー量は，会社の財務でいえば損益計算書で表される毎年の売上げや経費，利益の金額に相当する。損益計算書は1年度のお金の流れを表すからだ。これに対して，国民総資産や国富のようなストック量は，年度末の会社の資産や債務の状況を示した貸借対照表で表される金額にあたることもわかる。

コラム 2　フローとストックのからみ合い

昨年末に3000兆円だった国富が今年は3020兆円だったとする。昨年1年間の投資が130兆円で資本の減耗が100兆円だったとき、実物資産の評価損はいくらか。

＋130兆円－100兆円

フロー量とストック量は、はっきり区別しないといろいろな混乱が起こってしまう。しかし、両者の関係をよく理解しておくことも重要だ。

財産はときに何もしなくても評価が高まったり下がったりする。設備投資は130兆円あったが、一方で資本の減耗が100兆円だったから、それだけなら実物資産は30兆円分増えていなければならない。しかし、実際には国富の増加は20兆円にとどまっているから、今年1年の間に10兆円分、土地や生産設備の評価が下がったのである。

第2章
所得の分配と社会保障

1．2つの国民所得

　GDPは店頭での製品の売上げを合計したものだった。だが，日本でもアメリカでもヨーロッパでも，店頭での品物の販売には税金が課されている。日本では消費税，アメリカでは売上税，ヨーロッパでは付加価値税など，地域によって呼び方は違うし，地方の税金であるか国の税金であるか，その割合もまちまちだが，とにかくその値段の分だけ売上げの金額が増える。これらの税金は，税務署などに支払うのは会社だが，その大本を負担するのは消費者であるから，**間接税**と呼ばれている。会社の売上げを通じて間接的に私たちが納めている税金というわけだ。

　この間接税の扱いによって国民の所得合計も2種類のとらえ方ができる。GDPから資本の減耗を引いた金額は従業員，重役，株主に分配されて，結局私たちの所得になる。この意味での**国民所得**は，売上げの金額に手を加えていないことから**市場価格表示**と呼び慣わされる。だが，売上げからは実際には間接税が引かれてから国民に分配されるのだから，これを引いた金額こそ本当の国民所得だとも考えられる。こちらの引いた方の金額は**要素費用表示**と呼ばれるが，会社でのモノ作りの要素に即しての金額というくらいの意味だ。間接税がまったくなければ2つの国民所得は一致する。

　なお，所得を作り出す現場である会社には，政府からいろいろな**補助金**が与

えられる場合がある。これは会社の売上げに足し合わされて人々に分配されるから，所得に足しておいた方がよいだろう。だから，市場価格表示の国民所得を要素費用表示の国民所得に直すには，間接税を引いて補助金を足せばよい。もし，間接税と補助金が合計金額で等しければ，再び2つの国民所得は等しくなるのである。

　さて，国民所得が私たち国民の所得合計であることは繰り返し述べてきたが，所得がどのように分配されるかについてはまったく考えてこなかった。そろそろ，具体的に，私たちの手取りに向かって進んでいかなくてはならないだろう。国民個人に手渡される所得を考えるとき，まだ差っ引いておかなくてはならない項目があることに気づく。それは，個人ではない会社が保留する所得である。私たちが1年間会社で働いて作り出した金額のうち，すべてが従業員に分配されるわけではない。従業員や役員に支払われた報酬の残りが会社の利益になることは子どもでも知っている。この利益から何が引かれるかといえば，**法人税**である。実際の税制の仕組みでは，法人所得税，法人事業税，法人住民税といろいろな形態で取られる法人税だが，ここでは一括して考えておこう。法人というのは法律上の用語で，生身の人間を自然人と呼ぶのに対して，法律の権利や義務の主体になる団体のことである。

　こうして税金を引いてしまった後の税引き後利益は，会社の持ち主である株主に配当として分配されてしまうのが筋だ。こうして，会社の利益は，資産家や株式投資をしているサラリーマンなど株主の今年の所得に帰着する。だが，会社は税引き後の利益をすべて分配してしまうことはしない。次の投資の元手資金として一部を保存するのだ。これを**内部留保**ということは，前章ですでに述べた。

　だから，国民個人の所得は国民所得から法人税と内部留保を引いた値になる。ただ，国民のなかには引退した人や病気で働けない人もいるではないか。こうした人々が生活していくためには何らかの所得が必要である。その所得は，社会保障制度で確保されることになる。どの国でも大きな見直しが必要となって

いる社会保障制度だが、その根幹を成すのは年金や健康保険の仕組みである。社会保障制度によって、引退して所得のない人や病気で所得の減る可能性があった人はそれを補ってもらえる。こうして国民個人の所得の一部となる社会保障給付は、この制度を運営する政府の立場から見て**移転支出**と呼ばれている。このように、国民所得から法人税と法人の内部留保を引き、移転支出を加えた金額が**個人所得**と呼ばれるものだ。

　こうして国民個人の所得総額は確定する。じゃあ、これらがすべて私たちの使えるお金になるかといえば、そうではないことは毎年の経験から明らかであろう。給与明細を見れば明らかなように、個人所得からは**個人所得税**と**社会保障費**が引かれる。この残りが**可処分所得**、すなわち手取りである。これら税金と社会保障負担とが国民所得に占める割合を**国民負担率**と呼んでいる。日本とアメリカはともに4割程度であり、現状では所得の半分にはまだ達していない。これに対して、ヨーロッパの先進国では軒並み半分を超えており、ドイツで6割、フランスで7割に達する。福祉国家のモデルとされた北欧はさらにこれよりも高い。社会保障費の部分は移転されて、今年いずれかの国民の所得にはなる。しかし、現役世代にとって、これは文字どおりの負担であり、6割、7割ともなると相当きついことは確かだろう。

コラム3　潜在的な国民負担率

　日本の国民所得が450兆円で、租税負担が95兆円、社会保障費負担が70兆円であるとき、国民負担率はいくらか。

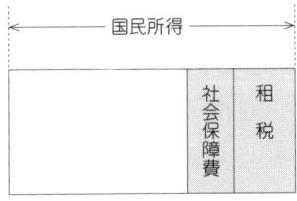

国民所得450兆円のうち，租税で95兆円，社会保障費で70兆円を負担するから，合わせると165兆円になる。これは450兆円の約37％を占める。

　アメリカと日本の国民負担率はともに36％程度とよく似ている。だが，その中身には大きな違いがあるのだ。実際の値で日本では租税の負担が21％，社会保障費の負担が15％であるが，アメリカでは租税の負担が26％と大きく，社会保障費の負担は10％と小さい。さらに世紀の変わり目で比較すると，日本は単年度の財政赤字が国民所得の10％に達していたのに対して，アメリカの単年度赤字はゼロであった。

　財政赤字も国民のいずれ返すべき負担と考えれば，日本の場合，本当の国民負担率は50％に近く，アメリカを相当上回っているということになる。

2．社会保障制度は大切

　社会保障制度は，何らかの理由で働くことができず所得が得られない人々や所得の不足している人を，国民全体で支えていくために生まれた。すべての人がやがて年老いていく。また，現役バリバリで働いている私たちも，事故や病気でいつ所得を失うかもしれない。こうした事柄への保険として，経済発展のある段階で，国民が合意をして作り上げた仕組みが社会保障制度だということができる。

　ただ，考えようによっては，こうした保険は民間でも十分に提供できるものであり，別に政府がこの制度を保証していく必要はないのではないかということにもなる。逆に，民間会社による提供では保険料がきわめて高額になるなど，現役を離れてもなお貧富の格差が存在したり，かえって拡大したりすることを促進してしまうという弊害も指摘される。このように，どの程度平等を考えるかという問題になってしまうと，結論が出ることはなくなってしまう。それぞれの国民が政治のなかで選び取っていくしかない問題なのである。

　ちなみに，アメリカは当初から自助努力を重んじるお国柄であったので，社会保障制度については最小限の導入しかしてこなかった。逆にヨーロッパ諸国

▶社会保険事務所

制度の変更や保険料滞納の増加により，社会保険庁の役割はますます大きくなっている。

(写真提供：共同通信社)

は，経済の長い歴史のなかで働く者の権利を拡大する労働運動の高まりもあり，社会保障制度が手厚く導入されてきた。この違いは，すでに見た国民負担率の相違として現れている。

では，日本はどうかといえば，社会保障制度に関してアメリカとヨーロッパとの中間くらいの導入具合でありながら，国民負担率はアメリカ並みに低い。これでは当然，制度の赤字が拡大する。それでも，日本の人口が増え，経済も成長している時代はよかった。数少ない高齢者たちへの手厚い保障を，数多い現役世代の所得から少しずつ分担してまかなえばよかったからである。しかし，少子化の進展と高齢社会の到来で負担感が増し，制度の見直しが進んでいるのである。

社会保障制度について，アメリカと日本とを比較してみよう。まず，**年金**であるが，段階的に65歳からの**給付**に移行しようとしている日本に対して，アメリカは以前から65歳以上の給付である。ただ，定年制度のある日本と違い，アメリカでは年齢で退職を強要することは年齢による差別と考えられているので，どこの会社でも本人の意思があれば65歳までは働くことができる。年金も含めて，アメリカでは社会保障制度の仕組みすべてを，アメリカの住人が必ず持つ9桁の**社会保障番号**で管理している。この番号は，アメリカの国籍がなくても

アメリカに住んでいれば持つことができる。というより，これがないとアメリカでは生活ができない。銀行で口座を開くことから，スーパーマーケットで会員カードを持つことまで，ほぼすべての書類に社会保障番号を書き込む必要がある。この退職年金制度を中心とするアメリカの社会保障は，会社と従業員が折半して納める社会保障費でまかなわれている。日本の公的年金は，基礎となる**国民年金**の上に，会社従業員が労使折半で保険料を納める**厚生年金**があり，いわゆる2階建ての仕組みになっている。1階建てのアメリカに比べて手厚い保障である。

　公的年金の他に，アメリカには企業が単独で行っている年金制度がある。ただ，この**企業年金**の制度はすべての会社で行われているわけではなく，制度を持たない会社も多い。企業年金制度は1974年に制定されたエリサ法によって整備されたが，日本で税法にあたる内国歳入法第401条k項で規定された**確定拠出型**の仕組みをとっているところがほとんどである。確定拠出型とは**確定給付型**に対立する言葉で，**拠出**，すなわち保険料の負担は不変だが，その後の運用成績次第で退職後の給付が異なっていくことを強調した名称である。近年日本でも日本版 401k として，この仕組みが法的に可能になり，**厚生年金基金**の名で厚生年金を補うものとされてきた日本の企業年金のなかにも，これに移行するものが現れている。

　確定拠出型企業年金は会社の提示した方法のなかから，従業員個人の判断で運用の方法を選ぶという自己責任型の年金である。この選択が退職後の年金額を左右するのだが，運用方法は費用をかけずに随時見直せるようになっている。また，会社を移ってもその先で運用を継続することができるポータブルな年金になっている。

　健康保険についていえば，日本とアメリカには年金以上に大きな違いがある。日本では国民すべてをこれでカバーする**国民皆保険**の原則がとられているのに対して，アメリカにはそうした健康保険はいっさいない。このため，アメリカでは医療費の個人負担がたいへんに大きく，所得の少ない人は高度な医療を受

けることができない現状にある。健康保険があるためによく病院にかかる日本人に比べて,アメリカではちょっとした病気なら薬ですませることが多い。ドラッグストアやファーマシーが全米に数多く展開しているのもこうした背景があるからだろう。ただし,アメリカでも高齢者のための公的な医療費補助である**メディケア**と,低所得者への補助を行う**メディケイド**の仕組みがかろうじて見られる。日本と同じように生命保険や民間の医療保険に加入する人もいるが,その保険料を負担できず,無保険の状態に置かれている人々も数多い。

日本でも,年金制度,健康保険の制度ともに,金銭面の制約からその見直しが必要になり,また実際に改革が行われているのだが,政府が行うべき保障の範囲をきちんと確定して,民間の制度との分担を図っていくことが不可避になっている。

コラム4　退職金と年金

65歳の退職時に401kの年金資金が1000万円あったとする。退職一時金を500万円とし,8年の年金給付期間を選べば,毎年の給付額はいくらか。

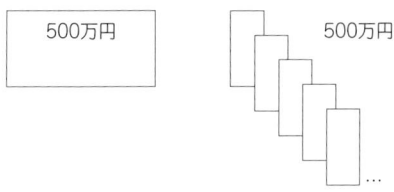

$(1000 - 500) \div 8 = 500 \div 8 = 62.5$　　　　　　　答　62.5万円

これまで,会社の年金の仕組みでは,現役時代の給与に応じてもらえる年金額も決まっていたので,いわゆる退職金,つまり退職一時金の制度は年金とは別建てで考えられてきた。しかし,401kの導入によって退職一時金と企業年金は一本化することができるようになり,長年働きながら会社に預託していた権利としてまとめて考えられるようになったといえる。実際,会社側も新しい制度を導入するときは,退職一時金と従来の確定給付型年金から資金を移し,社外の金融機関へ預けること

になる。

　退職時の年金の資金1000万円のうち，この人は一時金を500万円受け取る。残りは5年以上20年以内の期間で毎年年金として受け取ることになるが，8年の年金給付期間を選んでいるのだから，毎年の給付額は62.5万円である。

第3章

家計は経済の増幅器
——家計の消費と貯蓄

1．家計とは何か

　あらためて**家計**といわれると構えてしまうかもしれないが，経済活動とは私たちが日々の生活をしていくために共同で営んでいるものである。その生活の場である家庭は，まさに経済活動の中心であり，本来の目的であるといっても過言ではない。家族が日々を暮らし，団欒（らん）しながら子どもが成長していく。夫婦が生涯をともにし，安らかな老後を過ごす家庭の経済的側面を家計と呼ぶのである。

　私たちの家庭は，お父さんやお母さんが外に働きに行ったり家業を営んだりしてお金を稼ぎ，それを使って生活している。だから家計も，毎年毎年お金が入ってきてまた出ていく，という流れのなかで営まれている。家計の**収入**にはいろいろなものがあるが，多くの家庭では働いて得る稼ぎがその中心を占めている。こうした**勤労所得**は働くこと，つまり労働を提供する対価として与えられるものである。家計はまた，所有している財産をいろいろな経済活動に貸し出すことによっても所得を得る。これが**財産所得**だ。たとえば，土地を持っている家計はこれを貸し出して地代収入を得るだろう。

　財産のなかには**金融資産**と呼ばれるものも多い。たとえば，銀行に持っている預金は金融資産の代表である。日本では家計の金融資産の半分を**預貯金**が占めている。残りが**生命保険**や株式や社債への**証券投資**，**生命保険**，**投資信託**な

どである。日本人にとってはごく当たり前の割合かもしれないが，それは決して万国共通のものではない。アメリカでは家計の金融資産の半分を証券投資が占めている。日本での預貯金の役割を証券投資が担っていて，銀行への預金はわずかである。

　大雑把にいえば，日本人は儲からなくても堅実な資産運用を選ぶのに比べ，アメリカでは運用からの利益を重視するといってよい。日本人はちょっとでも損をするのが苦痛なのに対して，アメリカ人は個々の損はあっても全体として大きく儲かることを狙うのだ。これが**リスク**，つまり，資産運用の危険性についての日米両国の違いになっている。

　ただ，日本がアメリカ並みに証券投資の割合を増やさなくてはいけないか，また，そうすることができるかといえば，話は少し違う。両国の資産運用の仕方の違いは，多くの家計の間で金融資産がどのように分布しているかにも起因しているからだ。日本では，どこの家計もある程度の資産を有していて比較的差が少ないのに比べて，アメリカでは極端に大きな資産を持つ家計とまったく持たない家計との格差が大きいのだ。大きな金融資産を持つ家計は，いろいろな証券に資金を分けて投資することでリスクを小さくすることができるので，証券投資の割合を増やす傾向がある。金融資産をほとんど持たない家計のあり方は，経済全体で見た割合には反映されてこないのである。

　なお，家計は金融資産を持つ一方で，**住宅ローン**などの借金も抱えているのが普通だ。日本では土地を取得する場合の費用が大きいなどの理由から，大きな住宅ローンを抱えて，返済に苦労する家計も多い。アメリカでの住宅取得費用は日本に比べて小さい。いずれにしても家計にとっての正味の資産は，自宅の土地・建物などの実物資産と金融資産から借金を引いた金額になる。

　ローンといえば，教育費のかかる日本では，教育ローンを借りて子どもを進学させている家庭も多いかもしれない。こうして教育にかかったお金は，子どもへのプレゼントとしてそのままになるのが普通だろう。しかし，親子でもそれぞれのカップルを独立したものと考えるアメリカでは違う。そもそもアメリ

カでは，塾や予備校などが皆無で進学に伴う余分な費用はかからない。さらに，中流以下の家庭では大学進学にさまざまな奨学金を利用するのが普通であり，これを受けられない子どもたちも親から教育費を借り入れるという発想が当たり前だ。学業が成就して立派に就職した暁(あかつき)には，借り入れた授業料を給料から親に返済するのである。

2．家計は消費の主体

　第1章で見たように，GDPがどのように処分されるかのうち，6割から7割という大きな部分を**消費**が占めていた。これは日本やアメリカで1年間に作り出す品物やサービスのほとんどを，私たちが生活のために使ってしまうということである。まさに経済活動の目的は生活をすることなのだ。

　家計では，今年受け取る所得のうち，所得税や社会保障費を差し引いた可処分所得からどれだけを消費し，どれだけを**貯蓄**するかを決める。貯蓄の目的は，ちょっと考えてみればわかるが，将来，特に夫婦の老後に備えてのことである。毎年の貯蓄の積み重ねが家計の実物資産や金融資産となる。将来もらえる年金や老後の生活費との関係で，どれだけの貯蓄が必要かを考えておかなければならない。

　消費の金額が決まると，これをどのように使って生活するかを考えることになる。いわゆる家計のやりくりであるが，どうも日本ではやりくりというとケチケチ節約することだけを考える傾向があるのは問題だ。日本ではやりくり上手な主婦といえば節約上手な奥さんのことだが，アメリカでは生活を演出し楽しく盛り上げるマダムのことである。お洒落にお金を使うだけではなく，テーブルに花を飾ったり食卓に笑顔をもたらしたりするのが本当に賢い主婦ではないだろうか。

　もちろん，無駄遣いは賢い消費者のすることとはいえない。各家庭の所得の多寡や生活スタイルに応じて，どういった品物やサービスがどのくらい必要か

▶家族連れでにぎわうショッピング・モール

これからの日本の家計は,賢くものびやかな消費生活を営んでいくことが必要である。

(写真提供:共同通信社)

は異なってくるはずである。これを早く見つけて自覚的な消費生活を営んでいくことが,賢い消費者の行動である。この選択には家族の好みと品物の値段が大きく関係する。似たような用途や満足が得られても品質や値段のランクが違う品物もあるだろう。また,自動車とガソリンのように必ず相伴って購入しなければならない品物もある。この辺の組み合わせは各家庭の腕の見せどころといったところだ。

　また,外から購入してくるものと自分たちの力でやることとの組み合わせも重要だろう。日本では,外食も増えてきたとはいえ,まだ,日常の食事は家庭で調理するのが普通である。しかし,アメリカでは日々の食事も外食やデリバリーですませることにほとんど抵抗感がなくなっている。逆に,日本では,日曜大工は廃れて家や部屋のリフォームを業者に任せることが流行っているが,アメリカでは,ペンキ塗りや壁紙貼りなどは自宅で行う夫婦共通の仕事と考えられている。

　家庭生活のゆとりを重視するアメリカでは,無駄な品物を室内に置かなくていいように収納スペースを広く取り,多くの家庭が地下室を持っている。それでも足りない場合は,郊外にある個人向け貸し倉庫を利用する。だから,新しい家電や家具の購入ができる。本当に使わない家電や家具は,アメリカ人が大好きな日曜日のヤードセールやフリーマーケットで売り払ってしまえばよい。中古品の売買は新しい所得を生み出さないが,これによって新品の購入が促されれば経済のためになる。物持ちのよすぎる日本人の性格では消費がなかなか

伸びていかないのである。

コラム5　消費と資産

　家計が今年の所得の60％，資産額の5％を支出するとし，国民所得が450兆円，家計の資産額が2000兆円であれば今年の家計の支出額はいくらか。

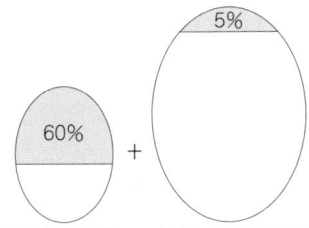

　　　　60%　　＋　　5%
　　国民所得450兆円　家計資産2000兆円

　私たちは所得の一定の割合を消費すると考えられるから，所得が増えるとそれに比例して消費も増えるように考えられる。だが，若い世帯はその傾向が強くても，高齢世帯はこれまでに積み上げた資産を取り崩して生活をするから，経済全体で見た家計の消費は家計資産の大きさにも影響を受けるだろう。ここでは450兆円の国民所得のうち60％の270兆円と，2000兆円の家計資産のうち5％の100兆円を合わせた370兆円が，この年の家計の消費額である。この金額は国民所得450兆円の0.82の割合にあたる。

　国民所得が10年で2割増えたときに資産額も同じく2割増えれば，所得からの消費は324兆円，家計資産からの消費は120兆円だから，消費全体で444兆円になる。そして，この金額は2割増の国民所得540兆円の0.82の割合なのである。

　これに対して，年々の景気の良し悪しで所得が大きくなったり小さくなったりしたときには，資産額はそれに応じた変化をしないから，消費の変化も所得の変化に比べると小さい金額にとどまるのである。

3．家計の投資って？

　家計も投資をする。先ほど証券投資の話をしたばかりではないかとおっしゃるかもしれない。だが，証券投資は経済全体のことを考えた場合は投資とはいえない。証券投資をしたお金は，直接会社に渡ったり金融機関を通じて会社に貸し出されたりする。これを使って会社が機械や設備を購入したり，工場を建設したりして初めて，設備投資という本当の投資になるのだ。毎年毎年で考えれば，家計の貯蓄が会社の投資をまかなっているということなのである。

　同じ車種の自動車でも，会社が営業車として購入すれば投資になる。だが，家計が自家用車として購入すれば消費になる。耐久消費財というではないか。ただ，紛らわしいのはどちらも使われ方は同じだということだ。数年から10年，仕事や通勤，旅行に使われた後，廃棄されて新車に買い換えられる。違いは何かといえば，自家用車の場合は家族への役立ちだけを残して使い切られるのに対して，社用車の場合は営業活動を通じて会社に儲けをもたらすということだ。会社の経理は厳密に行われるので，10年間使われる自動車の価値は毎年10分の1ずつが費用として計上されて消えていく。これと対照的に，同じ10年乗り続ける自動車でも，耐久消費財としての自動車は購入した年に消費が行われたものとみなされる。10年分の消費を先取りしているのである。

　じゃあ，家計は，経済全体から見ていっさい投資をしないのかというとそんなことはない。金額的にも大きな投資を行うのだ。それが**住宅投資**である。投資とは，お金を払ってもやがて儲けを伴って回収できるようなお金の使い方のことだった。アパートやマンションを経営するために建物を建てるならこの定義どおりである。では，自分が住むために自宅を建てたり，マンションの1室を購入したりするのはどうなのだろう。実はこれも住宅投資とみなされる。

　だが，アパート経営は家賃収入から経費や償却分を引いた利益をもたらす一方，自宅ではそんな収入は現れてこないではないか。この食い違いは，少し面

倒くさいが**帰属家賃**という考え方で処理する。すなわち，持ち家の所有者は自分に相場程度の家賃を払っていると考えるのである。この帰属家賃は，毎年のGDPを計算する際も，相場の家賃に住宅戸数を掛けるかたちで計算に入れられている。帰属家賃がGDPに入るなら，お掃除や料理など奥さん方の家事労働も時給いくらでGDPに含めてもいいように思われるが，こちらはそうなっていない。もしそうなれば，毎月旦那の給料から家事労働分のお小遣いをもらえることが正当化できるのに，と不公平をお感じになる奥さん方もいらっしゃるかもしれない。

4．お金は使えば使うほど……

　私たちには収入に関係なく，どうしてもしなくてはならない最小限の消費というものがある。人間として生きるために必要な衣食住の経費である。これはどんなお金持ちでも，はたまた貧乏な人でも同じように必要であり，所得の多い少ないには依存しないと考えられる。しかし，これを超えた分は所得が増えれば，その分，同じような割合で増えていくと思われる。消費には所得に依存する部分とそれとは関係ない部分とがあるのだ。

　所得と消費金額との関係を考えるとき，所得が1万円増えると消費額が何万円増えるかの比率を**限界消費性向**と呼んでいる。限界というのは，増加分を表す経済学特有の言い回しだ。長くて面倒くさいので，混同しない限り，本書では**消費性向**とだけ呼ぶことにしよう。現在の日本では0.7程度であり，アメリカでは0.8くらいであろう。1からこの消費性向を引いた比率は，所得の増加分を貯蓄に回す割合ということで**貯蓄性向**と呼ばれる。貯蓄好きの日本人，消費が旺盛なアメリカ人という対比がよく出ている。

　少し気をつけなくてはいけないのは，貯蓄性向は**貯蓄率**とは違うということだ。貯蓄性向は所得の増加分に対する貯蓄の増加分の割合であるが，貯蓄率は所得の総額に対する貯蓄の総額の割合である。区別が必要だ。だから，90年代

アメリカの株価バブルの時代にアメリカ国民の貯蓄率がゼロになったというのも，貯蓄性向が大きく変化したのではなく，手持ちの株式の価値が上がったことに気をよくしたアメリカの消費者が，所得に依存しない消費の部分で大いに贅沢をするようになったのだと考えられる。

　消費性向を見ても，アメリカ人は所得をどんどん消費に回していくのに対して，日本人はしまり屋であることがわかる。では，経済的に豊かになるためにはどちらが得なのだろう。意外な感じがするかもしれないが，これはアメリカの方なのである。確かに，貯め込めば貯め込むほど資産は増えるように感じられる。しかし，貯め込むために消費を控えると品物が売れなくなり，結局回り回って自分たちの所得を減らすことになってしまうのだ。私たち家計が消費をしなければ，所得が生み出されることはない。アメリカの場合，消費をすることで，手元の貯蓄額は少ないように見えても作り出される所得が増えるので，結局は経済的豊かさにつながる。日本が不景気からなかなか脱却できない理由も，私たち自身のしまり癖にあるのである。

　この面から考えると，家計を経済の増幅器にたとえることができる。どこか家計以外のところで今年支出が増えたとする。その支出はどこかの会社の売上げを増やし，その分，関係する家計の所得を増やす。消費性向が0.7ならば，所得の増加の7割は家計の品物の購入にあてられる。するとその分，売上げの増えた会社に関係する家計の所得が増え，それらの家計は再び7割を消費に回す。この繰り返しが，最初の種になった支出の何倍もの所得を生み出すのである。私たちの日々の買い物が，経済の成長にとってどれだけ決定的につながっているかがわかるだろう。

コラム6　使うほど豊かに

　今年，家計以外の支出が去年に比べて600億円増加したとする。消費性向を0.7とすると，GDPの増加額はいくらか。

第 3 章　家計は経済の増幅器

0.7 : 0.3

600億円

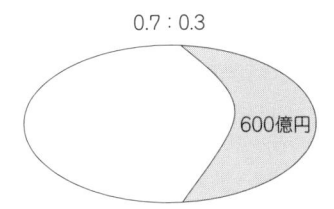

　難しそうな計算を予想するかもしれないが，使うのは小学校で習う割合の計算だけである。

　今年の GDP の増加を割合 1 とすると，消費性向を 0.7 として，家計が消費する金額はその 0.7 の割合，残りは 0.3 でそれが家計以外の支出の増加にあたる。ということは，割合 0.3 にあたる実際の金額が 600 億円だから，全体 1 にあたる金額は，600 億円を 0.3 で割って 2000 億円になる。

　もし，消費性向が 0.8 ならば，同じ考え方で GDP の増加は 3000 億円だったはずだ。家計の行動のちょっとした違いが，いかに大きな差を生み出すかを考えると恐ろしい。

第4章
働けど働けど……
―――所得階層と失業

１．貧困をどう考えるか

　経済の歴史を通して，貧困の問題をどう考えるかは繰り返し議論されてきた。なかには完全に平等な社会を望ましいと考える人々もいて，20世紀にはそうした試みをする国々もあったが結果は好ましいものではなかった。働きと受け取りとがかけ離れていれば人々のやる気が損なわれる。こうしてそれらの国々は経済の停滞や技術開発の停止に陥っていった。また，人々を無理にでも働かせて経済水準を維持しようとすれば，政治の仕組みは独裁的で人権を無視したものにならざるをえない。こうして，多くの発展途上国が困難な歴史を経験したのである。

　かといって，あまりにも大きな不平等があることも望ましくない。特に遺産に依存して豊かな生活を送る人が多いと，働く一般国民のやる気を損なうこともあるだろう。努力によっては所得を大きくするチャンスが大きく開かれているならば，人々の勤勉さを促進することになって経済発展の面でも望ましいことである。

　それでは，どのくらいまでなら不平等が許されるかというと，国によっても異なるし国民の考え方にも依存するので，簡単に答えられる問題ではない。日本は，民族がほぼ単一で均質であるから，大きな不平等を許すと世の中の不満が大きくなってたいへんなことになってしまう。そこでこれまでも，いろいろ

な民族を抱えた他の国に比べれば，国民間の所得の不平等は少なかったといってよい。

　これに対して，アメリカでは民族や人種の構成が複雑であり，英語を母国語としていなかった移民の人々も多い。こうした均質でない国民の構成は，結果として所得の格差も生み出しやすい。アメリカの人口構成は，8割が非ヒスパニックの白人，それぞれ1割が黒人とヒスパニック系，残りのわずかがアジア系やネイティブアメリカンである。黒人には芸能界やスポーツ界で活躍する人々が多いので，私たち日本人には印象が強く，一般の方はもっと割合が大きいのではないかと思っているようだが実際は違う。黒人の人権や経済的平等を訴える運動が盛んに行われたころ，マイノリティ，すなわち，少数派という言葉が使われたのもこのためである。

　現在は黒人で企業経営者や弁護士，医師などの高所得者も増えており，かつて黒人が担っていた低賃金の仕事はヒスパニック系に移っている。また，白人の間でも所得格差は大きく，WASPと呼ばれるニューイングランド地方の金持ちたちと農村部の貧困な白人の違いは大きい。WASPとは白人（White），アングロサクソン系（Anglo-Saxon），新教徒（Protestant）の頭文字をとった呼び方である。

　このアメリカでは家計の2割が政府の定める貧困の範囲に入っている。日本には政府の定める貧困ラインのような目安はないが，高齢者の単身家計や母子家庭などに貧困は厳然と存在する。ただ，**生活保護**を受けているのは全人口の1％程度であり，日本人が生活保護を受けたがらないことを考慮しても，アメリカに比べると貧困の割合が小さいことが推測できる。アメリカには包括的な生活保護の仕組みはないが，食堂で無料の食事が取れる**フードスタンプ**の受給者は全人口の8％いる。

コラム7　社会の不平等さを測る

　アメリカで各階層の平均所得合計に対して，それぞれの階層の平均所得が3.4％，8.6％，14.4％，22.7％，50.9％にあたるとする。ジニ係数はいくらか。

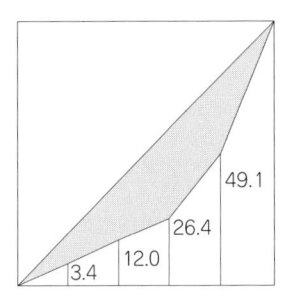

　その国が所得の面でどの程度平等か，不平等かを考える際に，一つの数字で判断ができれば便利である。そのために考え出された指標が**ジニ係数**というものであり，所得の分布の度合から所得格差の大きさを測る。

　まずは正方形の図を考える。縦も横も全体に対する割合を表しているので，目盛りは0％から始まって100％で終わる。だから，正方形になる。横に測るのは家計数だが，家計を貧しい方から豊かな方へ順番に並べたと考え，これを5等分する。左から数えて家計数で20％ごとに区切りが入る。

　次は縦だが，こちらは5つに分けた所得階層の平均所得を下から順番に積み上げていったものを全体と考える。左から右へと積み上げをしていくと0％から始まって100％で終わる下にたわんだ曲線になるが，これが**ローレンツ曲線**と呼ばれるもので，不平等になればなるほど下にたわむ。国民が完全に平等な所得を得ていれば，ローレンツ曲線は直線になるはずだ。

　ジニ係数は，正方形の対角線以下の二等辺三角形に占めるローレンツ曲線と対角線との間の面積の割合である。不平等になるほどこの面積は増えるから，ジニ係数は大きいほど問題だ。

　各階層の平均所得合計に対して，それぞれの階層の平均所得が3.4％，8.6％，14.4％，22.7％，50.9％にあたるとすると，ローレンツ曲線以下の面積は，1個の三角形と4個の台形の和になる。左から順に，三角形の下底と台形の上底，下底は3.4，12.0，26.4，49.1，100で高さはすべて20だから，その面積は2818であり，こ

れを正方形の半分の 5000 から引いて結果を 5000 で割ると，ジニ係数は 0.44 になる。日本のジニ係数は 0.33 くらいで許容される不平等度であるのに対して，アメリカの所得の不平等が相当大きいことがわかる。

2．働きたくても働けないとき

　日本の社会の経済面での均質さは，働く現場にもよく表れている。日本では事務を行うホワイトカラーと工場勤務のブルーカラーとの間にも同じ会社の社員という一体感があるが，アメリカでは厳然とした区別と働き方の相違が見られる。

　このことは労働組合のあり方にも反映していて，日本の会社では**企業別組合**といってホワイトカラー，ブルーカラーを含めた企業別に一体の組合組織になっていることが多い。また，この企業別組合では，会社の発展を重視した労使協調の方向性が取られるという特徴が見られるといわれてきた。さらに日本の会社では**年功序列賃金**と**終身雇用制**が暗黙の社会制度として守られてきたといわれる。解雇はほとんど行われず，ブルーカラーも，景気のよし悪しで一時帰休はあっても解雇に至ることは少なかった。また，賃金も入社から何年というかたちで上昇していくシステムであり，このことが従業員側にとっても，他社への移動を損なこととさせてきたのである。しかし，これは会社が規模的に着実に大きくなることを前提としてきた仕組みであるので，現在，大きな変化の時期を迎えている。大企業では完全になくなってしまうことは考えられないが，中規模以下の企業を中心に，よりドライな仕組みに移行していくことは避けられないだろう。

　こうした日本の仕組みに対して，アメリカではホワイトカラーとブルーカラーでは，はっきりと働き方が異なっている。ホワイトカラーでは能力給制度をとるところが多く，従業員側もより高い給与と待遇を求めて移動するケースが

第4章 働けど働けど……

▶中高年向け再就職説明会に長蛇の列

日本の雇用関係が変化していく過渡期にあって，長期失業者への十分なケアが必要である。

(写真提供：共同通信社)

見られる。これに対して，ブルーカラーでは，20世紀初めの激しい労働争議の歴史をふまえた既得権が存在している。ブルーカラーを中心に組織されたアメリカの労働組合のあり方は**産業別組合**と呼ばれ，会社が異なっても自動車産業など産業別に基準を定めて**パターン・バーゲニング**といわれる画一的な労使交渉をする慣わしだ。日本と同じように組織率は相当低下していて，徐々に組合の力は弱まっているが，日本に比べると経済のなかに占める度合が大きい。

日本には見られないブルーカラー特有の制度が，**レイオフ**という一時解雇の仕組みである。レイオフにあった従業員は解雇の期間中，失業保険で食いつなぐことになるが，景気が回復して人手が必要になると，後で解雇された方から順番に再雇用される。レイオフの順番は会社に勤めた時期が遅い方からと決まっているので，長く勤めている工場労働者は最後に解雇され最初に呼び戻される。これが**先任権制度**と呼ばれる仕組みだ。

このような背景の相違があるので，アメリカではさほど深刻にとらえられない失業が日本では働く人々にとっての死活問題になる。日本もアメリカも現在の失業率は5％台である。アメリカではかつて10％に近づいていた失業率が，20年かけて下がってこの水準になった。日本では90年代半ばまで2％程度と極端に低かった失業率が上がってこの水準になった。だから，同じ5％を見ても日本人はこんなに高いといい，アメリカ人はこんなに低いという。おそらく日本でも，かつてのように異常に低い失業率に戻ることはないと思う。5％の水準は国際的に見れば決して高いものではなく，先進国でもヨーロッパに比べるとアメリカ，日本は低失業の国なのである。これはヨーロッパの経済が決まり

や約束で縛られているのに比べ，日本とアメリカの経済が柔軟性を有している証拠である。

　ただ，終身雇用の慣行が崩れたのにアメリカほど自由な再就職が認められていないところに，日本の大きな苦悩がある。アメリカでは5％の中身は常に入れ替わっていて，再就職と離職とを人々が繰り返しているのに対し，日本では中高年で一度失業した人はそのまま仕事を得られなくなってしまう。5％の中身が固定されてしまっているのだ。

　一般に，失業には**循環的失業**と**構造的失業**とがあるといわれる。循環的失業が景気のよし悪しを反映して発生と消滅とを繰り返すのに対し，構造的失業は解消に時間のかかる固定的なものだ。構造的失業は，経済の中身や技術が変化していくときに働く人々の能力や熟練がついていけず，どうしても発生してしまう，発展する経済には運命的な失業である。日本の現在の失業も多くはこれであると思われる。構造的失業の解消のためには，人々の能力開発や職業訓練を支援する制度を政府が充実する以外にはない。これには時間がかかるし，比較的高齢の人は再訓練に対応できない場合もある。それでも年齢とともに働くことから引退していくため，消極的な意味ではあるがやがて失業は解消していく。

　いずれにせよ，人々が働きたくても働けない失業に陥ったときは，**失業保険**で食べていくことになる。日本にもアメリカにもよく似た失業保険制度があるが，保障の厚さには違いがある。給付額は，日本で離職前賃金の6割から8割が保証されるのに対して，アメリカでは半分程度しか保障されない。また，給付の期間も日本が3カ月から1年近くであるのに対して，アメリカは最高で26週間となっている。日本でも失業保険の見直しが行われているが，その際は両国の勤労を取り巻く状況の違いに配慮が必要だろう。

第4章　働けど働けど……

コラム8　雇用のミスマッチ

　現在，働いている人が500万人いて，年初，企業が150万人の人材を求めていたとする。今年，実際に就職できた人が80万人だったとすると，欠員率は何％か。

　失業率はよく聞く言葉だが，これは働きたい人のうち働けない人の割合である。だから，結婚や引退で仕事を求めなくなった人は分子からも分母からも消えていく。構造的な失業問題を考えるときには，これだけでなく，企業の欠員率を考える必要がある。今の場合，下の計算から欠員率は12％になる。

　(150万人−80万人)÷{(150万人−80万人)＋500万人}

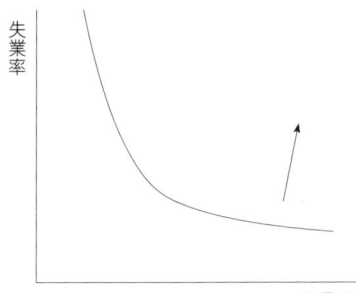

　縦軸に失業率を測り，横軸に欠員率を測った曲線を **UV 曲線**と呼ぶ。UV は紫外線ではなく，失業率・欠員率（Unemployment-Vacancy）の英語の頭文字をとった言葉である。通常，企業の求人が増えて欠員率が上がるときは失業率が下がり，景気が悪化して求人が減り欠員率が下がるときには失業率が上がるので，UV 曲線は右下がりになる。しかし，90年代末以降，欠員率が上がっているのに失業率も下がらない状態が続いていて，景気の緩やかな回復の一方で構造的失業が増大していることが読み取れる。

第5章
企業は誰のもの
―― 企業の収益

1．企業は所得の工房だ

　私たちは所得を稼ぐとき会社に働きにいく。会社にいろいろなものを持ち寄ることで社会のためになる品物や役立ちを作り出しているのだ。有用な品物を**財**といい，目に見えぬ役立ちのことを**サービス**というが，会社は財やサービスを作り出して社会に貢献している。社会は，会社の作り出した財やサービスを評価すれば，それを購入して会社に売上げをもたらす。売上げのことを会計上，**収益**と呼んでいるが，収益がたくさんあげられることはそれだけ社会がその会社の活動を評価してくれている証拠である。駄洒落じゃないが，会社と社会は持ちつ持たれつなのである。
　会社が収益をあげると，それは会社にいろいろなものを提供してくれた人の所得になる。私たちは会社に朝出勤して夕方帰ってくるが，何も持っていっていないではないかとおっしゃるだろう。しかし，私たちは朝9時から夕方5時まで，大切な時間を会社のために仕事をして使っている。運転手は品物を輸送して働いているし，工場勤務の人は機械を動かして品物を作っている。ウエイトレスはお客さんに料理を提供するというサービスを生み出しているし，オフィスワーカーは会社の運営に必要な事務書類の作成と整理をしている。品物が売れなければお話にならないのだから，営業の仕事は会社の根幹をなす重要な位置にある。よい製品のアイディアやコンセプトを考える企画や開発も，会社

▶様変わりするオフィス

企業経営を取り巻く環境変化は，勤労者のキャリア意識の変化にも色濃く反映してきている。

（写真提供：共同通信社）

の運命を握っている。

　これらの会社のために費やす勤労時間は，私たちが会社に提供しているものであり，この見返りに所得を得ているのだ。このときに私たちが提供しているものを**労働**と呼んでいる。

　だが，私たちは会社に勤務しているとき，何もない野原で働いているわけではない。会社は立派なオフィスを持っているし，工場の建物も大きく広い。運転手は朝トレーラーのハンドルを握って会社を出るし，ホワイトカラーもパソコンがなければ仕事にならない。このような，人々が働くために必要な用具や建物を**資本**と呼んでいるのだった。だから，資本と労働を組み合わせることで所得が生み出されるのであり，その協力の場が会社だといっていい。

　資本は会社の持ち物だと思われるかも知れないが，そもそもはその会社に元手を与えてくれる人がいたはずである。いってみれば，資本を財産として持つ会社のオーナーはその元手を出してくれた人々である。彼らは**株主**と呼ばれ，収益から**費用**を差し引いた**利益**は，株主に**配当**として配られる。これが株主の所得になるのだから，会社は従業員についても株主についても所得を生み出す工房であるといっていいだろう。その意味で会社はGDPが作り出される現場であり，経済の心臓部であることに間違いない。

　これまで会社，会社といってきたが，会社は社会貢献のために存在しているわけではないことはいうまでもない。会社の目的は利益をあげることであり，儲けを出すという目的のためにギリギリまで効率化された組織が会社である。

そうした側面を強く表して**企業**という言葉が使われることも多い。企業では利益，すなわち株主の受け取りをできるだけ大きくすることが至上目的になるから，それ以外のものはすべて費用として一括される。したがって，従業員の労働の対価も人件費という費用になり，切り詰める対象にされることもあるのだ。ここが企業の会計と経済全体を見るときとの違いにもなっている。企業が作り出すのは，経済全体から見たら国民の所得であり，それは新たに作り出した成果という意味で**付加価値**を構成している。だから，経済全体から見ると，企業で作り出された付加価値が利益と人件費に分かれるという見方になる。しかし，企業の当事者にとっては，あくまでも人件費を含めた費用をかけることで売上げが得られ，それらの差額として利益が得られるという見方になるのである。

２．コーポレートガバナンスって？

　企業にはいろいろな形態がある。大きく分ければ**個人企業**と**会社企業**になる。個人企業というのは，自営の商店や飲食店など個人で営んでいる企業のことである。だから，先ほど会社と企業を同じような意味で扱ったのは少し不正確であり，本当は企業の方が意味は広い。会社企業の方は，多くの人々が元手の持ち寄りで営んでいる組織であり，国によって制度は違うが日本では4種類が制度として認められている。縁起でもないが，倒産した場合にどれだけ責任を負うかという分け方になっており，関係者全員が全責任を負うのが**合名会社**，全責任を負う人と持ち寄り分を失う人とからなる**合資会社**という区別がまずある。全員が持ち寄り分だけの責任でいいというのが**有限会社**であり，有限会社のスケールが大きくなり，また，スマートにもなったのが**株式会社**である。数的にも圧倒的に多いのは株式会社であって，現在ほとんどの会社はこの形態をとっているといっていいだろう。日本では社名の前や後に（株）がつき，アメリカでは社名の後に Inc.（Incorporated）や Ltd.（Limited）がついているあれである。
　株式会社では株式と呼ばれる出資持分が**株券**として細分されて売買されてい

る。だから，株主の構成は常時変わるし，会社の規模が大きければ株主数も多い。だから，株主が会社の運営に口出しをできる機会はほとんどなく，年に1回の**株主総会**に限られるのだ。株主総会では1年間の経営方針を決定する他，経営陣の選任も行われる。要するに，現代の株式会社では，会社の内外から選ばれた専門の経営陣に経営を委任しているのである。

　企業では利益をあげるために，徹底して効率的な運営と素早い対応が必要とされる。したがって，経営陣は一人のリーダーの下に階層的に組織されていなければならない。さらにその下には従業員が階層的に配置される。アメリカの会社では，この**最高経営責任者**がCEO（Chief Executive Officer）という名称で制度的にはっきり存在する。日本でもこうした方式が法律的にもとれるようになってきており，アメリカ式を採用する会社も増えてきた。CEOを支える**取締役**には社外から人材を入れることも義務づけられており，会社の運営が適正かどうかを調べる**監査法人**の利用も盛んである。

　日本ではこれまで**取締役会**が合議で経営を進めるかたちをとっており，取締役会の議長である会長や**代表取締役**である社長がCEOの役目を果たしてきた。また，CEOが外部で育成された経営の専門家を招いての就任であるアメリカに対し，日本の社長は社内従業員からの昇進による就任である点が大きく異なる。また，日本の会社では，会社経理の監査にあたる**監査役**も，多くは会社OBであることが多かった。

　このように内容において大きく異なる日米の会社経営のあり方は，経営にあたって誰の利害が最も大きく反映するかによって決まってきていると思われる。これを称して**コーポレートガバナンス**という。日本語で**企業統治**と訳されるこの言葉は，要するに企業が究極的に誰のものであるかという合意のようなものである。アメリカでは企業が株主のものであるという原則どおりの考え方だから，企業は企業年金や投資信託などの大株主の意向で動いていく。**機関投資家**と呼ばれるこれら資金力のある組織は，株式投資の成果をいかに獲得するかということだけを考えているから，成果の出せるCEOを呼んできてどんどんリ

ストラもする。それでも CEO への監視は間接的にならざるをえないから，投資家を騙す粉飾決算などもあとを断たない。

日本では戦後の経済民主化で大株主が追放されたことがあり，大手企業どうしが互いに支え合う**株式持合い**の慣習を，時間をかけて築いてきた。結果，企業は社外からの脅威にさらされにくくなり，会社そのものの成長や従業員の雇用を最重要視する企業文化になったのである。会社の成長にはお金の借り入れを必要とするから，**メインバンク**と呼ばれる特定の銀行との結びつきも強まった。だが，バブルの崩壊とその後の景気低迷のなかで，こうした日本型コーポレートガバナンスに大きな変化が生じているのはご存知だろう。

コラム9　損益分岐点分析とは？

変動費が400万円，固定費が600万円の会社が2000万円の売上げをあげているとき，安全余裕率はいくらか。

売上2000万

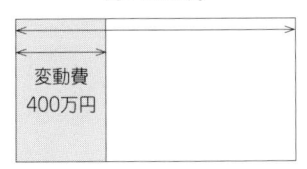

変動費		固定費
400万円		600万円

変動費は売上げに対して比例的に増減する。つまり，2000万円を400万円の変動費で生み出せるのだから，ある売上げを出すときにその0.2の割合だけの変動費が必要だということだ。これに対して600万円の固定費は売上げに関係なくかかってくる。この0.2を**変動比率**というが，1からそれを引いた0.8で600万円を割れば，かろうじて固定費をまかなえる売上げが求められる。これを**損益分岐点**と呼ぶのだ。今の例では750万円である。

2000万円の売上げが750万円まで落ち込むにはまだ1250万円の余裕があるので，**安全余裕率**は1250万円を2000万円で割って62.5%である。

3．企業の利益と安定性

　企業の活動は規模が大きく複雑であるため，独自の計算や集計の方法が必要である。これが**会計**と呼ばれる仕組みだ。大きな株式会社では，この会計の計算結果を見ない限り自分の状況がどうなっているかを正確にはつかめないし，今後の経営方針も立てられない。このように使われる会計の仕組みを**管理会計**と呼ぶ。また，企業の元手の資金を提供してくれた株主に対して，現在の経営状況がどうなっているかを示す必要がある。投資家はその内容を分析することで，どの企業の株券を購入するかを決めるのである。この会計が**財務会計**である。

　収益から費用を引いて利益を出す計算も会計処理の一部であり，その様子を年度全体で集計して示したものが**損益計算書**である。企業の費用には，人件費や支払利息，減価償却費のように金額が決まっていて毎年変わることのない**固定費**と，原材料費などのように生産規模とともに変わる**変動費**とがある。変動費は生産をやめてしまえばかからないが，固定費は会社を維持する限りかかってくる費用である。固定費を払い続けるためだけでも会社は活動を続けなければならない。ギリギリ損を出さずに経営をするためにどうしても必要な売上高のことを**損益分岐点**と呼んでいる。

　企業は大きなお金をスピーディに動かすために**信用**での取引を行っている。取引相手を信じて手形を使って，掛けでの原材料や品物の売買をするのである。しかし，清算は最終的に現金で行う必要がある。それができなければ会社を畳まなければならない。**倒産**である。倒産の危険性は，近々払わなければならないお金を間に合うよう用意できるかどうかにかかって決まる。だから企業は，いろいろな資産をただたくさん持てばいいわけではなく，それを現金に換えやすいかたちで持つことに気を配っておかなければならない。これが**流動性**ということだ。会社の財務では高い流動性を維持することもポイントの一つである。

1年を境にそれ以内に現金化できる資産を**流動資産**，そうでないものを**固定資産**という。前者は現金そのものや預金，受取手形，商品であり，後者は設備や建物，土地などである。それに対応して1年以内に支払が必要な手形などは**流動負債**と呼ばれ，設備にかける費用として銀行などから借り入れた**固定負債**と区別される。流動資産が流動負債を2割程度上回っていないと，倒産の危険性は高まる。

　また，銀行などから借り入れて設備に固定してある負債も年々利息の支払が必要になる。経営がうまくいかなくなるとこの利息の支払が滞りがちになり，借金の返済にも疑いが向けられることになる。こうして経営が立ち行かなくなると会社は**破綻**することになるのである。だから，長い目で見て経営破綻を避けようと思えば，本来の自分の元手である資本に対して負債があまり大きくてはいけない。したがって，負債と資本を合わせた金額に占める資本の金額である**株主資本比率**は，経営の安全性の目印になるのだ。株主資本比率，あるいは自己資本比率は，製造業など設備を多用するところでは3割，流通業などでは2割，金融業などでは1割は必要だと考えられている。

　それでは株主資本比率は高い方がいいかといえばそうではない。次章で見るように，企業はお金をかけて経営規模を拡大することで大きくなっていくし，そのとき手っ取り早くお金を借り入れることは当たり前の行動だ。会社を信用してくれてお金を貸してくれる人がいることは，会社の強さの現れだといってもいい。借金の多さは会社の甲斐性を表しているともいえるのだ。また，株主から見たら，負債を負って事業を拡大して利益をあげていることは，自分たちの元手を何倍にもして活動してくれているということにもなる。これは利益をあげるためのテコの原理であり，この発展性と，破綻しないという安全性のバランスの上で企業の財務活動は行われているのである。

4．企業はどう変わる

　財にしてもサービスにしても，私たちの生活に必要ないろいろな品物や役立ちを作り出す役目を，企業が担っていることはすでに見たとおりである。通常これらのものは，原材料を入手するところから始まり，それを精練，加工して部品などに成形する。さらにその部品を組み立てて梱包すれば製品になり，これをお店に運搬して店頭で販売する。こうした長い道のりを経て，品物は私たちの手元に届けられるのである。このような川上から川下への流れの一部を多くの企業が分担して担い，私たちもそれぞれの部面で働いている。

　どこをどのように切り分けて分担するか，また，品物のメニューのどこまでの範囲を扱うかでも無数の組み合わせが考えられ，それぞれに特色のある企業の活動が見られるのだ。このような切り分けがあるために，たとえば，製造業では人件費の他に原材料費が必要であるし，流通業では仕入れの経費が必要になる。

　ただ，考えてみれば，この財，サービスの流れを経済全体で見れば，何もないところから原料を掘り出してきて，製品として消費者に届けるまで，人が働く労働とそのために使った機械や設備以外必要としていないこともわかる。だから，経済全体で所得を生み出す活動を考えるとき，必要なものは労働と資本だけだ，という言い方になるのである。

　昔，自動車メーカーのフォードは製鉄所まで所有していた。川上から川下まで統合することこそ効率がいいと考えられたし，確かにそうだったからである。このときには**スケールメリット**が強く効いた。製品の品揃えが少なかったからである。日本の企業はいろいろな品揃えがある時代に対応する柔軟な関係を築いた。新しいデザインや性能を開発するのに，少数の他社との間で競争と協力を同時にしていくのがよいように思われたからである。これが日本の自動車メーカーなどに見られる**系列**である。

　だが，経済の情報化や競争の国際化は，企業のあるべき姿にも変化をもたら

しているように思われる。情報化によって適切な原材料や部品を各地から調達することが容易になったことで，大規模な統合をしておくことのメリットは薄くなった。したがって，経営の目指すところも，会社を大きくすることから利益をあげる体質作りに変わってきている。日本では解雇による合理化の別名で使われる**リストラクチャリング**も本来は**事業再構築**のことであり，**ダウンサイジング，コアコンピタンス，アウトソーシング**をその中身としている。競争力強化というと合併による大規模化しか念頭になかった日本の企業も，ダウンサイジング，すなわち小規模化で会社を筋肉質にすることを考えなくてはならない。また，家電メーカーがそうであったように，一通りのメニューをすべて揃えておくことが一人前と考えるのではなく，自分の最も得意とする部門であるコアコンピタンスに全力投球することも必要だろう。社内にない資源は外部からアウトソーシングで調達することになるが，縁故ではない品質本位の採用が大事であろう。

コラム10　株主資本利益率について

総資産額が1億2000万円から負債7000万円の会社で，その年の利益が400万円であったとすれば株主資本利益率は何％か。

```
総資産           負債
1億2000万円      7000万円

                 利益
                 400万円
```

会社の1年間の利益をそのときの資本の金額で割ったものを**株主資本利益率**という。同じものが英語では ROE（Return on Equity）と呼ばれる。株主の提供した元手が年率でどれほどの儲けにつながっているかを示す値で，金儲けマシーンとして

の企業の性能を示す数値といえるだろう。
　この例では総資産額から借金を引いた純資産額が5000万円だから，その年の利益が400万円であったとすれば株主資本利益率は8％になる。経営が順調である限りは，一般に株主資本比率が小さいほどこの率も高くなるといえる。
　総資産に対して利益がどれだけの割合かを**総資産利益率**というが，これは400万円を1億2000万円で割って3.3％になる。株主資本が負債を負うことでそのパワーを増していると考えた場合，その倍率を**財務レバレッジ**というが，1億2000万÷5000万＝2.4というこの値を総資産利益率に掛けることで株主資本比率を求めることもできる。
　なお，本文で見た企業の経営理念の差を反映して，日本とアメリカでは平均した株主資本利益率に大きな違いが見られる。アメリカは10％程度の高い値であるのに対して，日本はせいぜい5％程度なのである。

第6章
投資は経済の原動機

1．投資のいろいろ

　もともと**投資**という言葉は，より大きくお金を増やすことを目的にして現在のお金を手放すことである。これにはうまくいく場合もあるし，うまくいかない場合もある。いわゆるリスクが，投資には付き物なのだ。これに対して，**貯蓄**であれば普通，リスクはないものと思われている。しかし，この2つが経済全体で考えると結びついているのである。しかも密接に。

　このことは後ほど詳しく見ることにして，ここで考える投資とはどのようなものか見ておこう。というのも，債券や株式を買う**証券投資**は，ここでいう投資ではないからだ。経済の動向や行く末に大きな影響を与える投資は，会社が設備や機械を購入することであり，**設備投資**と呼ばれる。設備投資によって，民間企業の保有する施設や用具はどんどん増えていくことになるため，経済全体の観点からは**国内総固定資本形成**といってもよい。

　ただし，ここでは固定資本といっても，工場の建物や店舗，ベルトコンベヤーや工作機械だけを考えるだけではいけない。営業用の車両や運送会社のトラックは，走り回るが固定資本に入る。また，ソフトウエアや社内ネットワークに多額の支出をしたら，それはやはり固定資本を形成したことになるのである。したがって，ここでいっている固定というのは固定資産の場合といっしょで，長期間お金が拘束されるという意味なのだ。

また，実をいえば，昨年度末に比べて今年度末では，企業の抱える製品在庫がどれだけ増えているかという金額も投資と見なされる。これが**在庫形成**であり，投資全体に占める金額はごくわずかだが，次年度に売れば利益をあげて回収できる品物なので，資本になっているのである。

　設備投資ほどではないが，それと並んで金額が多いのは**住宅投資**である。投資の主体はあくまで企業といっていいが，住宅用に建物を建設するのは企業ばかりではない。個人でも，マンションやアパートの経営をするために自分の土地にそれらの建物を建てることがあろう。さらにいえば，以前にも見たように，個人が自分で住むためにマンションを購入したり一戸建てを建てるのも住宅投資なのである。だがこれでは，儲けるために一時的にお金を支出するという投資の定義からは外れる。そこで**帰属家賃**といって，持ち家の場合，自分が自分に家賃を払っていると見なすのであった。

　やはり，以前，日本とアメリカではGDPに占める消費と投資の割合に違いがあるということを述べた。日本の方が，投資の割合が大きく消費の割合が少ないのである。さしずめ，企業中心の投資大国日本と，家計中心の消費大国アメリカといったところだが，それぞれの投資のなかでの内訳をさらに眺めてみると，また別の面白い違いに気づく。日本では経済全体の投資のうち，8割が設備投資であり2割が住宅投資であるのに対して，アメリカでは前者が7割，後者が3割になる。したがって，アメリカでは日本以上に，住宅建設が景気の動向に与える影響が大きい。そもそも，ここには企業中心の社会である日本と，家計が中心の社会であるアメリカとの違いも如実に現れているではないか。また，日本人が一度購入した自宅にこだわる傾向が強いのに比べ，アメリカ人はそれまでの住居を比較的早く転売し，異なった地域へ移動していく傾向が強く見られるということでもあろう。製品の消費のところでも見たように，中古市場はそれ自体GDPを増やしはしないが，新品を買う行動も活発化させるのだろう。住宅投資でもモビリティ（移動性）が高いことが，新築需要の活性化につながっていると考えられる。

証券投資は，これら実際の投資の影であり，それを支えるものでもあるのである。それでは，証券投資もその一環である，私たち家計がお金を運用する仕方と経済全体での投資の関係はどうなっているのであろうか。

２．投資の資金はどこから？

企業が投資で使うお金も，その年の GDP のなかからまかなわれなくてはならない。私たちが国民全体としてその年に使うことのできるお金，すなわち，その年の所得は，私たちが働いて生み出した分だけしかないのであるから。したがって，会社が行う投資の総額は，私たちが所得から消費しないで残した貯蓄の総額に等しいはずである。会社は，どうがんばっても私たちの今年度の貯蓄額を上回る投資はできない。

しかし，まとめて考えればそうであるものの，実際には，会社は1年のそれぞれの時期に投資を決定し，私たちも毎月の所得から1年のそれぞれの時期に貯蓄を行っていく。であるから，経済を考える場合，いつもそうであるように，どちらが原因であるともいえないのである。つまり，次のように考えてもいいということだ。

会社がどれだけ投資をするかを決めて実行する。たとえば，工場を建てることを考えたとしよう。この段階で資材会社や建設業者に発注が行く。すると資材が売れて，そこに所得が発生するし，建設会社の従業員に仕事が回って稼ぎが増える。これらの関係者は，その増えた所得から消費もするが，貯蓄もするはずである。こうして1年を通じて考えると，会社がどれだけ投資をするかを決めたことで，それに見合った所得が生み出され，ちょうど投資額をファイナンスするだけの貯蓄が作り出されると考えてもいいのである。

会社がいっぱい投資をすれば，たくさんの所得が生み出されて景気がよくなる。会社の投資が少なければ所得も少なくなる。このように，家計の消費がその年の景気の状況に合わせて受動的に増減するのに比べて，企業の投資はむし

▶自動車の部品試験起伏テストコース（北海道）

安全で高性能の製品を開発するための試験場の開設にも，莫大な設備投資が必要である。

（写真提供：共同通信社）

ろ景気の動きを決める要因になっているのである。

　ところで，私たちの貯蓄は，どのようなルートを経て企業に回り，投資の資金となっているのであろうか。日本人ならすぐに，間に銀行が入っていると考えるであろう。日本では，企業が投資資金を銀行に依存している割合がたいへん大きかったからである。前章で見たメインバンクという慣習もこれを助けた。つまり，私たちが銀行に貯金をすると，銀行はそのお金を企業に貸し付ける。企業はそれと自己資金とを合わせて投資を実行し，毎年の収益から利息を銀行に支払う。銀行は，人件費等の費用と預金の利息として私たちに払うお金を，企業から受け取る利息から差し引いて自分の利益にしているのである。

　これに対してアメリカでは，企業の投資の資金は**社債**の発行に大きな割合を依存している。社債は企業の借金証書とでもいうべきもので，期限と金利が約束されている。企業はある投資計画を実行するにあたって，それに見合った額の社債を準備するのである。社債は**証券会社**やアメリカ特有の**インベストメントバンカー**によって引き受けられる。これらが一括して社債を購入して会社に資金を提供するのである。一般の人々も，これらの金融に携わる会社を通して，社債を購入することが可能だ。

　インベストメントバンカーはバンカー，すなわち銀行家という名称がついているが，預金を集めているわけではないので銀行業ではない。これはJ. P. モルガンたち，昔アメリカに移住してきたヨーロッパの大金持ちが自己資金で投資を援助したことから始まった会社であり，現代ではモルガン・スタンレーや

ゴールドマンサックスなどがよく知られた名前だ。個人の資産家が企業活動を助けることはアメリカの伝統としてよく見られるもので，現代でもベンチャー企業に元手を提供する「エンジェル」といわれる人々の存在があるし，ベンチャー企業専門の融資会社としてベンチャー・キャピタルも多数存在する。一般の人々もこれらのベンチャー株を盛んに購入しており，NASDAQをはじめとするベンチャー株の株式市場でも盛んに取引が行われている。

このように，日本では産業の今後を占う設備投資の動向に銀行という固い組織が大きく介在するのに対して，アメリカでは投資家個人の判断が大きく働く余地がある。その分，日本ではリスクの大きい投資は避けられる傾向があり，アメリカではリスクが大きい投資でも見込みがあれば実行されることになるだろう。設備投資は生産の工程や内容の変更につながっていくが，日本で工程の効率化を意味する**プロセス・イノベーション**が盛んであるのに対して，アメリカでは新製品の生産開始を意味する**プロダクト・イノベーション**が盛んだとされる原因はここにあると考えられる。このことは日本が自動車，家電，半導体といった，既存の技術の充実が重要な産業に優位性を持ち，アメリカが情報通信，医薬品，バイオテクノロジーなど，新規の技術や製品の開発が重要な産業に優位性を持つことにつながっている。

3．企業の投資決定のあり方

それでは，それぞれの企業は，どのような判断で投資額の決定を行っているのだろうか。設備投資という行動は，毎年毎年繰り返される経営活動とは次元の違った判断を必要とする。経営活動を現在の利益を追求しての行動だといえば，投資活動は将来の利益をどうしていくか，会社の行く末を見ての判断だからだ。現在，会社に十分な利益が出ているとしても，将来はどうなるかわからない。他者との競争に打ち勝って市場のシェアを拡大していくためには，事業規模を拡大していかなくてはならないだろう。また，現在，弱い部門があって，

そこはあまり利益があがっていないとする。その場合，会社は不採算部門を廃止するか，さらに設備投資を行って生産性を上昇させるかの判断に迫られる。どのような場合にも，投資をどうしていくかの判断は会社の命運を握っているのである。

しかし，設備投資額は会社の行く末という将来のことに関わることだけに，経営トップがこの判断を誤ると会社が危機に陥ることもある。予想に反して期待どおりの収益があがらなければ，投資に伴う負担だけが大きくなって会社の利益を蝕んでいく。日本の1990年代の危機は，バブル時代に投資判断を誤り，大きすぎる設備投資をしたためなのである。これらの設備投資資金を提供していた日本の銀行も，会社の危機によって返済が見込めない**不良債権**を大量に抱えることになったわけだ。

それでは投資に伴う費用とはなんだろうか。設備投資を行うときには，銀行から借り入れるにしても社債を発行するにしても，多額の借金をしなければならない。借金をすれば，われわれと同じように会社でも毎年利息の返済をする必要がある。この**支払利息**が投資に伴う費用として発生する。借入額が1億円で金利が5％であれば，毎年の利息の支払いは500万円に上る。実際，利息の返済が滞ることで会社の借金は不良債権になるのである。また，設備投資をした分だけ，会社の財産である固定資本も大きくなる。設備や店舗といった固定資本は毎年古くなっていき，たとえば20年後に更新が必要になる。新しい機械を買ったり建物の建て替えをしたりしなくてはならない。投資額が1億円であれば，20年後に投資の経済価値はなくなるわけだから，1年に500万円の価値が失われていくと考えることができる。これが**減価償却費**と呼ばれる毎年の費用になる。これらは費用として収益から差し引かれて，損益計算書の利益を圧縮する。ここで，借り入れた借金の元本の支払いが気になるかもしれない。実は，元本の支払いには減価償却費が対応している。減価償却費は費用ではあるが，企業が実際に外部に支払っているお金ではない。毎年，500万円を費用計上していけば，20年後に1億円貯まる計算である。企業はこれを借り入れの返

済にあてることができる．設備を更新するとともに新しくするお金は，借金をきれいにしてまたそこで新たに借り入れればよい．

ところで，前章で見た企業の財務諸表には，実は，企業の投資の実態がよく現れない．損益計算書は今年の企業の経営活動の実際を記録したものであるし，貸借対照表は今年までに企業が行ってきた投資活動，経営活動の積み上げの結果を表すものだからである．多額の投資を繰り返せば資産のなかの固定資産が大きくなり，それらの投資資金を借り入れに依存していれば負債とそのなかの固定負債が増えるが，全体の財産からみれば1年分の投資はそれほどの大きさではないので，はっきりとは変化がわからないのである．

そこで現在の財務諸表では，損益計算書と貸借対照表に加えて**キャッシュフロー計算書**も公表することになっている．キャッシュフローはその名のとおり，企業の1年間の現金の出入りというフロー量を生のままに表した書類であり，営業活動に伴うキャッシュフロー，財務活動に伴うキャッシュフロー，投資活動に伴うキャッシュフローの3つの項目からなっている．このように，キャッシュフローは経営活動をつかむためにはなくてはならない数字となっているのである．

さて，企業はどれだけの投資を実施するかを判断するときに，2つの要因を対比して考えるといえるだろう．ひとつは，投資が将来にわたるキャッシュフローをどれだけ生んでくれるかである．今後の市場の動きや経済の成長度合いに関して，経営トップは難しい予測と判断を余儀なくされる．他方，そのキャッシュフローから企業は支払利息と減価償却費を捻出しなければならない．この負担がどの程度のものかは調査可能であるから，投資の最終決断の引き金を引く要因となる．

コラム11　キャッシュフローの考え方

　5000万円の投資が今後5年間にわたって1200万円のキャッシュフローを生み出し続けるとする。銀行からの借り入れ金利が5％であるとしよう。このキャッシュフローの割引現在価値はいくらか。

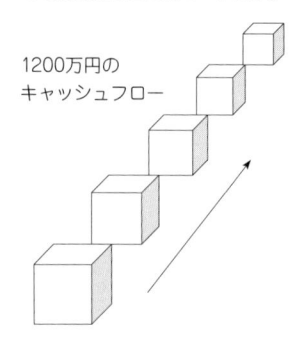

　投資の成果を予想する場合の毎年のキャッシュフローには，利益のほか，支払利息と減価償却費が含まれている。それらがわかっているときに，ある投資計画を実施するかどうかの判断は，具体的にどのように行われるべきなのだろうか。

　このときに大切なのは，毎年のキャッシュフローが同じ1200万円でも，企業にとってそれらは，現時点で同じ金額ではないということである。元本に対して毎年，金利のコストがかかるのだから，元本の回収にあたるキャッシュフローを，1年回収が遠くなるたびに元本の割合1にコストの割合を加えたもので割り，小さくして考えるのである。この金額を**割引現在価値**という。いわば，遠くのものほど小さく見える理屈だ。

　ここでの例では，銀行からの借り入れ金利が5％なので，これに1を加えた1.05で将来のキャッシュフローを割り引いていく。1年後から5年後まで毎年のキャッシュフローの割引現在価値は，順に1142.86万円，1088.44万円，1036.61万円，987.24万円，940.23万円である。合計すると5195.37万円になる。したがって，減価償却費を差し引いても，投資額5000万円を上回る金額の利益が回収可能であり，これが毎年の利益の源泉になっていく。

　企業は，投資によってもたらされる割引現在価値が投資金額を上回る限り，投資を行うのである。

第6章 投資は経済の原動機

4．投資が経済成長をもたらす

　それぞれの企業にとって，キャッシュフローの予想と減価償却の割合が変わらなければ，金利が低いほど投資の負担が軽くなる。金利はそれぞれの会社の信用度によって変わりもするが，経済全体の動向で高いときもあれば低いときもある。だから，一般的に金利が低い時期は経済全体でも投資が増えるし，金利が高いときには経済全体でも投資が減る。投資が前年に比べて増えればその分，製品の売れ行きも上がって経済全体の所得も増えるのであった。したがって，金利の低下は景気を増進する効果がある一方で，金利の上昇は景気の動きを抑制することにもなる。このように，毎年のGDPという面からも，投資こそが経済の原動力になっているのである。

　だが，何度も確認したように，企業が投資をした結果は，生産設備となって今後の所得を作り出す源を増やすことにつながる。去年の投資が今年以降の生産能力を増やす一方で，今年の投資は今年のGDPを決めるわけだ。どう考えても，この理屈からいって，今年の投資額は去年に比べて大きくなっていなければバランスが取れない。投資の増加は経済の増幅器である家計の消費の力で数倍に拡大されるから，GDPも投資と同じ倍率で成長していく。

　たとえ，投資額が増大していても，その伸びが少ないとか，まして横ばいだということになれば，途端に生産能力に使われない遊びが生じてしまう。このことは企業の将来見通しを暗くするから不景気の引き金となる。逆に投資額の伸びが大きすぎると，生産能力に不足が生じて企業はさらに投資の計画を増やしていく。これは景気過熱の原因となるのだ。このように，企業の将来判断に左右される投資の動きが経済に変動をもたらしていることは確かである。

　企業は自らの判断と見通しによって投資を行っていく。儲からないときには，人がいくらいっても投資を増やすことはないだろう。経営者の双肩には多くの従業員の将来もかかっているのだから。逆に，景気がいいときには投資を増や

すのも当然だ。

　このように，どうやら景気の変動は，企業の景気判断から生まれてきているようである。誰もバブルがいつ崩壊するかを正確に予測はできなかった。個々の判断が積もり積もって経済全体に大きな変動をもたらす。景気変動は，私たちが，一つ一つの家計に比べて，また，一社一社の企業に比べてあまりにも巨大な経済のなかで生きていく限り，避けられないものなのかもしれない。

コラム12　投資と経済成長とのバランス

消費性向が0.8で資本係数が4のとき，資本の完全利用を保証する成長率は何％か。

前年の投資額÷4 ↑ 資本

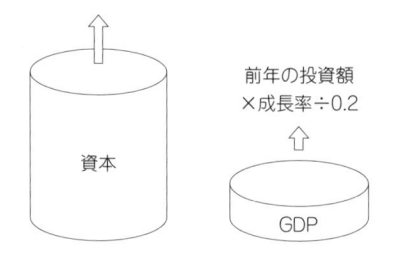

前年の投資額×成長率÷0.2 ↑ GDP

　たとえば，投資額が100兆円のとき消費性向が0.8ならば，GDPは500兆円になるのであった。今年はちょうど，生産能力がフル稼働するバランスの取れた状態にあるとしよう。ここで毎年のGDPを作り出すのに必要な資本額は，そのGDPの4倍であるとする。だから経済全体に資本は2000兆円あるという計算だ。この4倍のことを**資本係数**と呼ぶ。

　投資が翌年，3％増えて103兆円になったとすると，GDPも3％成長するから515兆円になる。他方で，資本は昨年の100兆円を加えて2100兆円になっているから，GDPを作り出せる能力は525兆円分ある。ということは，10兆円分の生産能力が使われずに残ってしまう。

　では，投資に毎年どれだけの伸びがあれば，うまくバランスを取れるのだろう。この値は**貯蓄性向**を資本係数で割って求められる。したがって，バランスを保って経済が成長する率は0.2÷4＝0.05から5％になるのである。

第 7 章
政府の役目と税金の仕組み

1．税金のいろいろ

　税金は，国民が国に納めるべき義務のお金である。納めなければ罰せられるわけだが，それはなぜだろうか。それは，政府が行っているサービスや施設は国民に無料で開放されていて誰にでも自由に使えるので，その負担は皆が平等に行う必要があると考えられるからだ。
　どういうものに税金がかかるかを**課税ベース**と呼んでいる。課税ベースによって，誰が税金を納めるか，どのくらい払わなくてはいけないかが決まるのである。課税ベースで税金の種類を分けると，**個人所得課税**，**法人所得課税**，**消費課税**，**資産課税**の4つになる。
　個人所得課税は，その名のとおり，私たちが働いて得た所得に課税される。この課税の場合，個人がどれだけ稼いだかによって税率が決められていて，高い所得の人ほど大きな割合を税金として納めなければならない。この仕組みは**累進課税**といって，税を負担できる能力の違いに配慮した制度である。どんな国でもこの制度を用いているが，日本を含めて近年はフラット化，つまり，所得上昇による税率の上がり方を緩やかにする傾向がある。これは，働く人々が高い税金でやる気をなくしたりすることがないように配慮しているためだ。
　法人所得課税では会社の利益に税金がかかる。税金は国民というヒトが納めるものだが，会社はヒトではない。そこで法律上，会社をヒトと見なして税金

を負担してもらっている。これが法律上のヒト，法人の名の起こりだ。ただ，利益に課税する場合，利益は経済がうまくいくかどうかで大きく変わってしまう。したがって，ここからの税収は景気の動向によって大きく左右されがちである。近年はそれを防ぐため，**外形標準課税**といい，従業員数や施設の床面積など，会社の活動の大きさに合わせて課税をする方式が，地方税で導入されるようになってきた。

消費課税は，品物を購入したときに税金を負担するものである。ただし，税金を納めるのは売上代金を手にしたお店側である。つまり，負担する人と税務署に納める人とが異なっているので，**間接税**という名前で呼ばれることもある。これに対して税金を負担する人を特定してくる他の税金は，**直接税**と呼ばれている。企業間で売買される中間生産物にも消費税の課税はなされるが，これらはどんどん積み上がって最終的に製品になったときにまとめて負担されるから，消費税と呼ばれているのだ。

だが，どのような課税ベースであっても結局，今年，国民が働いて作り出した所得から支払われることに違いはない。日本で**消費税**と呼ばれている税金は，ヨーロッパ諸国では**付加価値税**と呼ばれる。企業が行う設備投資でも，機械を購入したり建物を建てたりすれば消費税はかかるから，実際には，その合計がGDPとなる付加価値が発生したときに税金が取られる仕組みなのである。だから日本の場合も，消費税はGDPの5％をそっくり持っていく税金ということになる。また，**固定資産税**や**相続税**などの資産への課税も，結局はその年の所得のなかから支払われることになる。課税ベースは資産というストックではあっても，実際の税金は資産を掘り崩して支払われるのではない。資産の持ち主のその年のフローの所得から支払われるのである。このように国民は課税という料金を所得のなかから支払って，政府の作り出すサービスを毎年購入しているのだといえる。

それでは，日本では所得のうちどれだけの部分を税金として納めているのだろうか。国民の所得の合計額として，GDPから固定資本減耗を引いた国民所

第7章　政府の役目と税金の仕組み

得を用いよう。税金に社会保障費負担を加えた国民負担率を考えたときと同じである。そうすると，日本国民は所得の2割を税金として納めていることがわかる。こう聞くととても多そうなのだが，アメリカでは3割，イギリスやフランスでは4割に達していることを考えてみると，日本人が税金として払っている割合は低いといわざるをえない。政府の使うお金が足りなくて借金をしなくてはならない日本の現状は，これでは当然かもしれない。だから，私たち日本国民も，ただ税金が安い方がいいと考えるのではなく，税金の使い道に強い関心を持ち，お金も出すけれども意見も出していくという方向に変わっていくべきだろう。

2．税金は必要悪？

　税金にしても社会保障費にしても，誰かがその年に支出できるお金は，誰かがその年に働いて稼いだ分から出されることは間違いない。毎年のGDP分しか実際に使えるお金はないのである。だが，結局，税金は所得から負担するとしても，課税ベースに何を選ぶかによって，経済への影響も変わってくることも事実である。

　物品税は課税される特定の品物の値段を上げるので，その品物の購入を減らす効果がある。消費税にはそのような働きはないかのように思われるが，実際には，消費者の反応によって異なった影響が個々の品物には出てしまう。値上がりした場合に消費者による購入が大きく減ってしまう品物であれば，お店は実質値下げをせざるをえない。だから，そういう品物では，税率の5％の丸々が消費者の負担になってしまうわけではなく，売れ行きの落ち方に応じてお店やメーカーの側が税金を負担することになる。逆に，日常生活にどうしても必要な品物は，税金分程度値上がりしても購入を減らせないから，ほとんどの税金は消費者による負担になる。

　また，消費税の場合，お金を稼いでも支出しなければ課税されないので，

個々の家計にとっては消費を抑制する効果が若干あると考えられる。つまり，貯蓄が促進されるのである。だが，貯蓄したお金も将来，老後などに取り崩して使うことを考えれば，その時点で消費税がかかるわけだから同じことだとも考えられる。いずれにしても，将来，消費税が大幅に上がることを予想するなら，耐久消費財や家などは思い切って今買っておいた方が，利息分を考えたとしても貯蓄をするよりも得かもしれないということだ。

なお，消費税については，個人がどれだけ支払ったかがお店側のデータからは特定できず累進課税が不可能なため，所得の差異を考えると不公平だという意見もある。これについて，消費を課税ベースにした直接税である**支出税**を提唱する声も少なくない。これは所得から貯蓄額を控除して課税しようという考え方である。

それでは，先ほど**租税負担率**を比較した各国の間で，課税ベースごとの税収にどのような違いがあるのだろうか。まず日本は，消費，個人所得，法人所得，資産の順に，それらへの課税から得られる税収が全体の税収に占める割合が，3割，3割，2割，2割となっている。アメリカでは2割，6割，1割，1割となっていて大きな違いがある。イギリスは4割，4割，1割，1割と，また違う。フランスは4割，3割，2割，1割でイギリスと似ている。

日本は，戦前は地租と呼ばれる土地財産への課税収入が多くを占めていたが，戦後，アメリカの税制をもとにした改革で，直接税中心のかたちになった。だが，ここ20年程度，ヨーロッパに範をとった消費税の導入で，間接税の比率が高まっている。アメリカの場合は対照的に，日本が消費税を導入していたころに**包括所得税**へ向けた改革を行って直接税への依存を一層高めた。この考え方はすべての所得を合算して課税ベースにするという明快なもので，日本で金融資産などからの所得に見られる**分離課税**に比べてわかりやすく公正感を保ちやすい。

所得税にしても，働くことへのインセンティブに何がしかの影響は与えるであろう。だから，あらゆる意味でゆがみのない税金を考えようとすれば，実は

一人いくらという取り方で一括して税金を取ってしまうのがよい。この場合には，働くことにも消費の仕方にも何の影響も出ないからである。あまり民主的な感じのしないこの税金は**人頭税**と呼ばれている。そして，この考え方は**住民税**のなかの**均等割**にごく一部反映されているのである。住民税はそれに加えて，前年の所得に応じて税金を徴収する**所得割**の部分があり，税収の多くを占める。

コラム13　所得税額の計算

年収700万円の人がいる。控除が475万円で20％の定率減税がある。個人所得税の税率は4段階に分かれていて，下から10％，20％，30％，37％である。境目は課税所得が330万円，900万円，1800万円のところにある。この人の所得税額を求めなさい。

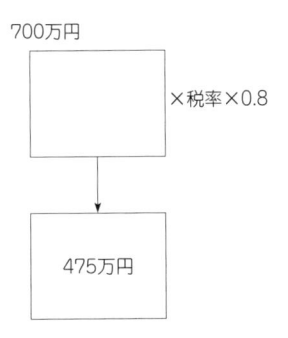

700万円
×税率×0.8
↓
475万円

世の中の多くのお父さんがそうであるサラリーマンの場合，税金は**源泉徴収**といって，いわゆる「天引き」したあとで銀行の口座に振り込まれる。このため，サラリーマンでも**確定申告**が必要なアメリカ人に比べ，日本人の方が税金についての関心が低いきらいがある。はたしてどれだけの人が，自分の所得税額について知っているだろうか。

所得税といっても，年収700万円にそのまま課税されるわけではないことに注意が必要だ。控除があるからである。控除は基本的なものと，所得が勤めから得られるものであることを考慮しての控除，そして家族が増えると増えていく控除からなっている。この人の場合，税金のかかる**課税所得**は475万円を引いた225万円にすぎない。

こうして，この人に適用される所得税率は10％となり，こうして計算される税額は22.5万円になる。しかし，20％の定率減税があるということなので，実際の納税額は22.5万円の8割にあたる18万円である。

3．国債発行は許されるか？

　これまで単に政府と呼んできたが，政府といっても国と地方の2つがある。当然，これらの間にもお金の流れがある。ちなみに，日本の場合，両者の**歳入**を合計するとGDPの3割程度になる。前に政府がGDPのなかから使うお金が2割程度だと述べたが，このままでは1割も多い。タネ明かしをすれば，それらの多くが社会保障給付や補助金によって国民や国内の企業に再配分されているのに加え，国から地方に回るお金が，国の歳入合計額の5分の1ほどあり，それを二重に計算しているからである。

　地方交付税や**国庫支出金**という名称で配分される，国から地方へのお金は，国内各地域間での所得の不平等を是正する目的を持っている。よくアメリカの方が日本よりも地方分権が進んでいるといわれるが，歳入の面ではアメリカの連邦政府も日本と同じくらいの割合で地方より大きい。国民の自治意識の違いを別にすれば，こういう言い方は，アメリカの州・地方政府がより多く独自の財源を持ち，日本よりも金銭的に国から独立していることからきているのだろうと思われる。

　しかし，こうして集められた税金だけでは，国と地方が使うお金が足りないのが日本の現状である。多くのお金が毎年，国を中心に借金され，これまでの借金と合わせると莫大な金額に上っていることを知らない国民はいないだろう。これは日本の国の歴史上でもなかったほど多額に上っているし，他の国と比較しても格段に悪い状況である。

　国と地方の債務残高を比較してみると，アメリカがGDPの6割程度である

第7章　政府の役目と税金の仕組み

▶個人向け国債の発売

個人向け国債は，金利が変動することで元本保証の換金ができ，投資家の人気を集めている。

(写真提供：共同通信社)

のに対し，日本はなんとその1.5倍に上っている。実際にはそんなことはありえないが，国民が1年間，飲まず食わずで働いて借金の返済にあたっても，まだ3分の1が残る計算である。これはやはり削減が必要な額に達しているといえよう。

　それでは，日本の国は財政的に破綻してしまうのだろうか。それは違う。国の財政が破綻した国としては，近年のアルゼンチンとロシアが有名であるが，これらの国と日本では大きな違いがある。両国の借金は外国からのものであったのに対して，日本の国の借金は国民からのものなのである。国民を親，政府をできの悪い子どもにたとえると，今の状態は子どもが親のすねをかじっている状態であり，家計全体として破綻しているわけではない。

　自分の家では国債も個人向け国債も買っていないといわれるかもしれないが，銀行預金の多くが現在，国債を大量に保有している。また，郵便貯金，簡易保険積立金，公的年金の積立金も，かなりの額が国債で保有されているのである。

4．国債発行の影響

　これだけ大量に発行された国債は，積もり積もって国の財政を硬直化させるから，削減がどうしても必要である。国債の残高に対応して，毎年2回支払われる利息も馬鹿にならない金額である。この経費とその年に期限を迎えた国債

の償還にあてる金額を**国債費**と呼んでいるが，この経費以外はきちんとした収入でまかなわないと，国債残高はどんどん増えてしまう計算になる。このため，政府歳出から国債費を引いたものと本来の歳入とのバランスを**プライマリーバランス**と呼び，これが赤字から脱却することを第一目標に，政府財政再建に取り組んでいるのである。

だが，先ほど見たように，発行された国債は国民の手にわたり，保有している人には毎年利息が払われるのであった。このことから，国債は国にとっては借金だが，国民にとっては財産の一部をなしていることがわかる。しかも，国の信用は大きいので，ある程度の国債残高は国民に安全な資産運用の手段を提供するので望ましい面もある。それ自体が国民の貯蓄の安全性を高めてくれるのである。

また，以下のような理由で，より積極的な意味でも国債の発行は望ましい面がある。ただし，その発行額は政府の**公共投資**をまかなう額に限定されなくてはならない。法律ではもともと，公共投資のための国債である**建設国債**の発行は認められているが，それ以外の経費をまかなう**赤字国債**の発行は原則禁止されている。例外を認めて久しいのが日本だが，これは速やかに是正されるべきだ。

赤字国債はともかく建設国債には，それを使う人が受ける恩恵と費用の負担をバランスよくする効果があるので，積極的に認められてもよい。政府が作る道路や港湾，橋や公園は作られてから長い間国民に恩恵を与える。現在の世代だけでなく次の世代のためにもなるのである。だから，費用を全額，現在の世代の税金で支払うのではなく，次の世代にも負担してもらうために国債というかたちで先送りすることになっても理屈にかなう。このことは設備投資の資金について，企業が借り入れでまかなうことが積極的に認められていいのと似ている。

このことは，次のような面からも考えてみることができる。それは，建設国債であれば，今後の経済を支える基盤が作られるのに対して，赤字国債ではた

第7章　政府の役目と税金の仕組み

だ経費として消えていくということだ。政府が必要としているお金に不足があるとき，増税をすれば可処分所得が減るので，消費も貯蓄も一様に減ることになる。しかし，同じお金を国債の発行でまかなうと，貯蓄のうちのそれだけの金額が，企業に貸し出されることなく政府のお金になっていく。政府がもしそれをすべて使い果たしてしまえば，将来に有用な設備が残らなくなるのである。赤字国債の発行の場合，こうして民間と政府をあわせて見て，国全体の資本の蓄積が遅れてしまうのである。

　赤字国債が将来の世代に借金のツケだけを残してしまうということについては，それに反論する考え方もある。すなわち，国債を購入したおじいちゃんが，息子にその国債を遺産として残すので，結局同じことだという反論である。ただ，そうだとすると，将来の子孫の負担を心配するあまり，今の世代が消費を減らして貯蓄を増やしてしまうので，国債発行は今年の景気には逆効果になるのである。

コラム14　金利と国債価格

　額面の合計が5万円，表面利率が1.5％の国債があり，返済まで3年を残したときに世間の金利が2％に上がったとしよう。国債価格を求めなさい。

750円の利息と3年目に5万円の償還

金利2％

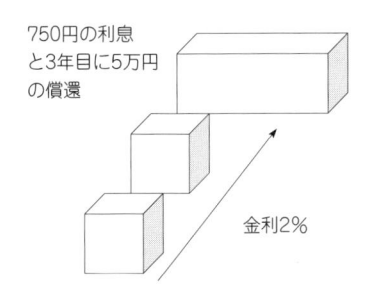

　国債は他の債券と同じように期限が決まっていて，約束の期日が来ると返済が行われる。このときの返済額を表すのが**額面価格**である。また，半年に1回支払われる利息も，額面に対していくらかが決まっていて，その利率を**表面利率**と呼んでい

る。

　しかし，そのときどきの金利は国債が残存している間に変化していくだろう。実はこれに合わせて，国債を売買するときの価格が変化していく。だから，期限を待たずに国債を売買すると，値上がりによる利益を得る場合もあれば，値下がりによる損失をこうむる場合もあるのだ。

　このときの価格であるが，売り手にも買い手にも公正になるように決まるはずだから，そのときから返済までの利息と返済額を，そのときどきの金利で割り引いた値段に等しくなる。今の例では，今後1年目に750円，2年目も750円の利息が手に入る。3年目は利息と返済額を合わせて5万750円が戻ってくる。それぞれを2％で割り引く。つまり，1.02でそれぞれ1回，2回，3回と割れば，現在の金額は735.29円，720.88円，4万7,822.86円だから，その国債の今年の価格は4万9,279円になる。割り引くのは企業のキャッシュフローの計算で見たのと同じ理屈だ。

　このように額面より安い価格で売られているときをアンダーパーといい，金利が上がるとこういうことが起こる。逆をオーバーパーといって，金利が下がるとそうなるのである。

第 8 章
政府のお金の使い方

1．政府の働き

　政府が国や地方の仕事のさまざまを取り仕切っていることは間違いないが，いったいこれらの仕事は経済的にはどのような役割を果たしているのだろうか。
　まず，政府には，政府にしかできないサービスを国民に提供するという役目がある。国を守り国民の安全を守るという仕事は政府にしかできない。自分の身の安全を守るために私設の軍隊やガードマンを置くというのは，極端なお金持ちにしかできないことである。誰に対しても直接の対価を取らずにこれらの仕事を行うことは，やはり政府にしかできない。このようなサービスのことが**公共財**といわれるものである。財といっても，政府は品物を販売しないから，さまざまなサービスのことである。公園は誰でも使えるし，道路は誰でも自由に歩ける。すべての人に開放していては決して儲からないので，これら公共財は政府にしか提供できないのである。また，誰でも必要なときに自由に使える公共財は，量が十分に提供されていて混雑しないのが原則であろう。
　だが道路は，高速道路のように入り口にゲートを設けて料金を徴収することもできる。また，テーマパークは入り口に料金所があって入るときにお金を取られる。図書館で提供されている読書のサービスも，自分で同じ本を買えば得られるものだ。安全も近年，都市部で多くの人がそうしているように，警備会社と契約していれば警察から受けるのとほぼ同じサービスは受けられるだろう。

だから，政府の提供するべきサービスも時代とともに変化していくといっていい。近年，宅配事業の進歩を背景に，郵便事業が民営化に向かっているのもそのためである。

 さらに，莫大な施設を必要とする事業は**自然独占**の名で呼ばれ，政府そのものや政府によって認められた独占企業が担ってきた。これらの事業では固定費が大きくて，ちょっとでも競争があって提供価格が下がると，すぐ収支が赤字になってしまうからである。だが，経済の規模が大きくなってきたことや技術的な進歩で，こうした困難は徐々に取り去られつつある。電力事業でも，これまで各地域の電力会社に政府が独占を認めていたものが，それ以外の会社が電力を売ることを段階的に認めるようになっている。また，公企業である道路公団も民営化されることが決まった。また，すでに1980年代に，当時の国鉄がJR各社に，電電公社がNTTに民営化されている。

 こうして見ると，徐々に政府の提供すべきサービスは縮小していく方向にあるようである。だから現在，政府がこうしたサービスをまだ提供している意味というのは，地域間や個人間で格差を是正するということにあると考えられる。政府の事業である郵便では，どんな僻地でも一律の料金で手紙を届けてくれる。採算は度外視である。また，郵便貯金や簡易保険は，銀行や保険会社の支店など置かれるはずのない島嶼部の郵便局でも利用できる。高速道路の建設でも，現在の採算性だけを考慮して実行か取りやめかを決めると，地方の将来の発展に大きな問題を残すことになるかもしれない。こうした地域間のバランスのためには，最後まで政府の配慮が残ることになるはずである。

 しかし，サービスそのものを政府が提供したり，価格に制限を設ける，補助金を与えるなどの措置をしたりすると，経営的な効率から見て無駄が多くなるのも事実である。その無駄をなくしてなお国民生活の平等に配慮するためには，**所得再分配**によって収入面での平等化を図っていくことが考えられる。お金があれば過疎地に居る人もさまざまな財を買いに出かけることができるし，民間でしか提供されなくなったサービスを貧しい人が購入することもできる。

このような所得再分配の機能を持つ制度にはいろいろある。たとえば，社会保障では貧しい人への生活扶助を行っている。公的年金も，所得のない退職世代へ現役世代の所得を移転する仕組みである。また，所得税に見られる累進課税では，低所得の人は控除によって税金をあまり納めなくてよい一方で，高所得の人はより高い割合の税金を納めることになる。さらに，多額の財産を持つ人は所得も大きいと考えられるので，固定資産税や相続税などの**財産税**も所得再分配の役目を果たしているといえるだろう。

2．政府の消費と投資

　政府が経済のなかで果たしている基本的な役割が，政府にしか提供できないサービスを供給することと所得再分配を行うことにあるということを，今確認した。それでは，そうした役目を果たすために，国と地方を合わせた政府がどのようなお金の使い方をしているか，各国を比較してみてみよう。国と地方とをあわせて考えるのは，国によってそれぞれが分担している役目やお金の使い方が異なるからである。

　まず，政府の**歳出**合計であるが，日本，アメリカ，イギリス，フランスで，それぞれGDPの4割，4割，5割，5割を占めている。このことからわかるように，日本とアメリカは，歳出で見た政府の大きさがヨーロッパの国々に比較して小さいという共通点がある。以前，日本，アメリカともに，GDPに占める政府支出の割合を2割と述べたが，これは歳出から国民や企業にそのまま引き渡される2割のお金を引けば，今の話と合致する。こうしたお金を**所得移転**と呼んでいる。

　では，日本，アメリカでその内訳もよく似ているかというとそうではない。まったく違うのである。内訳で考えるならば，アメリカはむしろイギリスやフランスの仲間であって，日本だけが特別な存在となる。政府の歳出を**政府最終消費支出**，**政府総資本形成**，**社会保障移転**，その他に分けてみよう。政府最終

▶関西空港の建設工事

20世紀を代表する国家事業の一つだった関空建設で，海外旅行や企業活動が大いに促進された。
（写真提供：共同通信社）

　消費支出というのは消費であるから，政府の活動に必要な品物の購入に使われるお金である。役所の光熱費や交通費，文房具代や紙代などはもちろん入る。しかし，このうちの多くを占めるのは，そういった家計の消費と同じような品目ではない。なんといっても公務員の人件費が大きいのである。公務員の人件費は彼らの家計の所得になるから，政府もGDPの一部を作り出しているということであった。公務員は公的なサービスを生産しているわけだが，これが政府に販売されて国民の利用に供されることになる。

　政府総資本形成とは，公共の施設や道路，港湾などの建設を行うことである。こうして作られた共用の設備は，国民の生活基盤となり企業の経済活動を支えることにもなる。したがって，それらの設備を社会の基盤の意味で**インフラストラクチャー**と呼ぶ。また，それらは社会全体の共有財産でもあるので，**社会資本**といってもいい。社会資本を積み上げていく政府総資本形成の活動は，だから**公共投資**という投資であるのだ。

　社会保障移転は，先に述べた所得移転のうち，社会保障制度を通じて行われる部分である。年金積立金も，実際にはどこかの金庫にお金が蓄積されているのではなく，今年の誰かの所得をお年寄りに引き渡していることなのである。

　その他のなかには，公債の利息，政府の入っている損害保険料，企業への補助金，非営利団体への援助などが含まれる。後半の補助金や援助は，所得移転の一部である。

第8章　政府のお金の使い方

　さて，各国の割合を見てみよう。日本では，これらが順に歳出の3割，2割，3割，2割を占めている。これに対してアメリカは，5割，1割，3割，1割である。予想外に違う。日本は割合からいって，公共投資がアメリカの2倍に及んでいる。これに対してアメリカでは，政府の消費が歳出の半分を占めている。先ほどの説明から，政府の消費の大きな割合が公務員の人件費であることはおわかりだろう。世間の常識に反してアメリカは，公務員の数がきわめて多い。国民1人あたりの公務員数は日本を大きく上回っている。これは低い所得で政府に雇われる人が多いことと，やはりなんといっても軍隊が存在するからである。

　実は，アメリカのこの比率はイギリス，フランスにほぼ等しい。フランスでは社会保障移転がより大きく，その分，政府の消費支出が少なくなっているが，日本よりも他の2国にずっと近い。このように日本は，他の先進国に比較して公共事業にかけているお金が飛び抜けて大きいのである。インフラが十分に整備されていないから，というのはあまり理由にならない。早くから都市生活を行っていたイギリスやフランスはともかく，それではアメリカと比較して公共事業費が多いことを説明できない。何か別の理由がありそうである。

> **コラム15　税金の割合とGDP**
>
> 　消費性向が0.8で，国民が政府に支払う税金の割合がGDPの15%であるとする。このとき，家計以外の支出が50兆円増加したらGDPはいくら増えるか。
>
> 全体1　　　　税金0.15
> 消費は0.85の8割　　0.32が50兆円

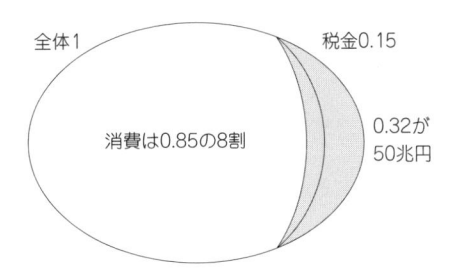

これは以前にも見た，家計が経済の増幅器になって，どこかで誰かが今年行った支出を何倍にも増やしてGDPを拡張するという話である。ただ，今回の話が違うのは，前にはなかった税金が考えられている点だ。

　今年のGDPを1としたとき，このうち15%，すなわち0.15の割合は税金に取られるので，可処分所得は0.85の割合である。ここから家計は8割を消費にあてるから，家計が支出するのはGDP全体の0.68の割合になる。ということは，家計が消費し残すのが残りの0.32の割合ということであり，これが金額で50兆円になるのだ。

　だからGDPの増加は，50兆円をその割合0.32で割ることで求められる。156兆2500億円である。かなり増幅されている。しかし，もし仮に税金が一切なければ，この金額は250兆円になっていたはずだから，税金は経済全体にとって抑制的に働いていることは間違いない。このことが，減税が持つ景気回復の効果を説明するのである。

3．政府と景気

　先ほど，政府の果たす主な2つの経済機能を確認した。だが，現代の政府は，より積極的に経済と関わることを求められている。それは短期的な事柄と長期的な事柄とに関するものである。

　現代の政府のいまひとつの重要な機能は，まず，経済のなかで不可避に起こる景気の変動を抑制し，国民が安定した生活を送ることができるようにすることである。こうした役割が認識されたのは，経済の歴史のなかでは比較的新しいことだ。

　戦前，世界中が不景気になったときに，いろいろな国で政府の行う事業によって失業を解消しようという動きが出てきた。戦争の混乱を経て戦後になると，景気をよく保ち雇用を確保することが，いろいろな国で政府の役目として自覚されるようになったのである。また，世界大戦で軍事費が膨張し，財政規模が

飛躍的に大きくなったのだが，大きくなった財政規模はあまり縮小しないままに現在まで引き継がれている。

　政府が景気をよくしようと思えば，意図的に財政規模を大きくすることが必要である．特に，移転所得ではなく，政府最終消費支出や公共投資を増やすことで不景気に対応することができる．こうして支払われたお金は品物やサービスの購入に向かうから，その分，国民の手元で所得が増える．その所得を国民は他の品物やサービスの購入に使うから，政府支出の増えた影響は，水面を波紋が広がるようにGDP全体に広がるのである．

　逆に，景気が過熱しているときは，こうした支出を減らすことで経済の熱を冷ますことができるが，一度財政の規模を大きくしてしまうとにわかには元に戻せないという傾向があり，問題があるという指摘もある．とりわけ，こうした景気対策のお金は，増税よりも一時的な赤字国債の発行で調達する方が効果的だから，**財政政策**による景気対策は赤字国債を容認する主張につながる．とりわけ，ここ30年くらい景気対策として赤字国債を発行し続けた日本の財政悪化は，前の章で見たようにたいへん深刻なものである．このように，景気対策として無駄な公共事業を増やしてしまったことが，他の先進国に比べて公共投資の歳出に占める割合を大きくしている原因なのだ．

　なお，財政政策を慎重に進めるべきだという議論には，**クラウディング・アウト**と呼ばれる考え方もある．この言葉は英語で，混雑する電車の車内から人を押し出すことを意味する．押しくら饅頭みたいな感じだ．政府が財政政策をすると，若干景気が上向きになり，金利が上昇する傾向がある．後の章で説明するように，景気がよいときには高金利に，悪いときには低金利になるからだ．そうすると，すでに企業のところで見たように，投資してもあまり儲からなくなるため，民間企業は投資を減らす．もし，金利が上がっていなければ，景気はもっとよくなっていたはずだから，政府の財政政策は，得られたはずのGDPを，企業の投資と競合することで押し出す結果になったのである．

　ここで少し注意してほしいのは，限りある資金を政府の国債と民間の借り入

れで取り合うから金利が上がっているわけではないということだ。もともと景気が悪かったのだから投資は少なく，借り入れがないため金利は低かったのである。そこに政府の国債が発行された。政府は国債発行で集めたお金を公共投資に使う。すると，少し景気が上向いて人々の所得も増える。こうして銀行に預けられる預金も増えるから，必要な借り入れ資金は準備されているのである。だから，ここでの金利上昇は，景気回復で金回りがよくなり，一時的に資金がショートするようなことがあちこちで起こるために見られるものである。

　いずれにしても，金利の上昇が大きいと，政府の支出が増えた分，企業の投資が減ってしまい，あまり景気をよくする効果が出ないかもしれない。特に国債を大量に発行したばあい，国民の手元には信用の高い国債という財産が残るから，人々は消費をさらに増やすかもしれない。このことがますます金回りをよくして金利を上げると，企業の投資が逆に減って景気を元の状態に戻してしまうことになるのである。

　ところで，政府が意図的に公共事業をしなくても，政府の本来の機能の一つである所得再分配の仕組みのなかに景気を安定化する働きがあるという指摘もある。これが**ビルトイン・スタビライザー**と呼ばれるものだ。たとえば，不景気になってみんなの所得が少しずつ減ると，累進税率のもとで税率のランクが下がる人が出てくるから自動的に減税になる。また，失業者が出ると雇用保険から失業給付が支給されるので，政府が補助金を与えているのと同じことだ。逆に景気が過熱すると，自動的に増税になったり政府の支給するお金が減ったりするので，行き過ぎをチェックできるというわけである。

4．政府と経済成長

　政府はこのように短期的な景気の動きに一喜一憂しているだけでなく，経済成長の長い目で見た方向にも大きな配慮をしなくてはならない。私たち個人も民間企業も，日々の生活や自社の経営に忙しく，天下国家を論じているゆとり

第8章　政府のお金の使い方

はない。だとすると，知らぬ間にわが国の経済は道を誤ってしまうかもしれないではないか。まさに国家百年の計という観点に立って，政府には高尚な判断をすることが求められるのである。

と，なんだか演説口調になってしまったが，要はそれほど重大な問題だということだ。現代においては，すでに見たように，政府が直接，いろいろなサービスを国民に提供する必要性は薄くなっている。だから，政府は経済の面で，国民や企業が自由に安心して経済活動ができる環境整備や情報提供に専念していくべきである。

そのためには，無駄な**経済的規制**は緩和して，自由な構想力や実行力を民間の人材が発揮できるようにしなければならない。だが，自由と危険は裏腹である。企業犯罪や経済犯罪の広がりに対しては，政府として未然に食い止める取り締まりや規則の強化にあたるべきだろう。さらに食品や建物の安全などの**社会的規制**と呼ばれる分野については，簡潔でわかりやすいものにしながらも先手を打って整備していく必要がある。

長期的に安定した成長と豊かな経済政策を国民に保証していくことは，政府の経済的役割のうちでも究極のものといえるかもしれない。

コラム16　政府とともに成長する経済

消費性向 0.8，資本係数 4 のとき，政府の支出が GDP の 2 割で，そのうちのさらに 2 割が政府総資本形成だとする。また，政府は GDP の15％を税金として徴収する。このとき，資本の完全利用を保証する成長率は何％か。

前年の投資額÷4

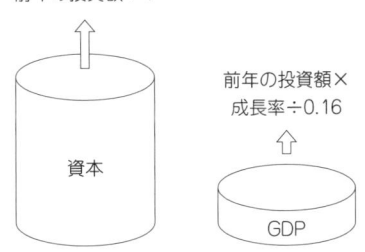

資本

前年の投資額×成長率÷0.16

GDP

資本係数とは，ある金額のGDPを生み出すためにその何倍の資本が必要かを表しているのだった。経済が安定して成長するための成長率は，この場合5％になることは前に述べた。この成長率は，1から消費性向を引いた0.2を資本係数の4で割って求められる。だから，5％を実際の成長が下回っていると景気後退に陥るし，上回ると景気過熱に向かう。

　だが，ここでは政府の存在を考えている。この場合，毎年いくらの資本が蓄積されるかを考えてみよう。資本の蓄積，つまり投資は，GDPから国民や政府の消費支出を引いた分だけである。ということは，まず国民によって，可処分所得0.85の8割でGDPの0.68が消費される。あと政府は，政府支出0.2のうち投資支出を除いた8割を消費するから，それはGDPの0.16の割合である。ということは，合わせた消費はGDPの0.84の割合ということになり，投資は残りの0.16である。ということは来年，この4分の1の0.04の分だけ，今年より多くのGDPが生み出せることになり，経済が4％で成長すればバランスが取れる。

　ここでは，政府を考えなかったときに比べて安定した成長率は低くなったが，一般的には，税金の割合や政府の投資支出の割合が増えると長期の成長率は高くなり，税金の割合や政府の消費支出の割合が増えると長期の成長率は低くなる。

第 9 章
お金は経済の血液

1．お金の役割

　経済では，お金という言葉がいろいろな意味で使われるから困ってしまうときがある。しかも，どの意味のお金もその国の**通貨単位**で表されるから，ますます混乱する。まず，お金には，私たちがすでに見てきたように所得の意味がある。所得とは，毎年手に入るが，生活に使ったり貯金をしたりして目の前を通過していくお金であり，そういうお金をフローのお金というのであった。また，お金には財産という意味もある。お金持ちというときのお金はこれである。しかし，これは必ずしも本来のお金だけでなく，土地や有価証券のような財産全般を意味していることが多い。これら財産も金額で表されるのでお金と呼ばれるのであろう。これらのお金はストックのお金である。

　この章で扱うお金はこのいずれでもない。お金そのものを考えようというのである。紛らわしいので，ここからは狭い意味でのお金は「お金そのもの」と呼ぶことにしよう。経済学では，古臭い言葉で**貨幣**と呼んだりもする。まあ，混乱は日本語のお金という言葉だけではなく，英語でもマネーという言葉の使い方は似たり寄ったりである。お金そのものもマネーというが，財産を築くことを，マネーを作る，ともいう。

　それではあらためて考えると，お金そのものとは何であろうか。よくよく考えてみると，お金は経済で 3 つほどの役割を果たしていることがわかる。上で

述べた混乱が生じる原因でもあるが，フローにしてもストックにしても，私たちには，仕事や品物の価値を表したり計ったりするときの共通の物差しが必要である。それがお金の果たす抽象的な役目だ。円とかドルとかの目安がないと世の中は動いていかない。リンゴ1個とミカン3個は同じ価値だとか，今日の仕事はリンゴ20個分の働きになるとかでは，世の中は大混乱する。だからすべての品物の価値を100円とか1ドルとかいう通貨単位で表す。これが**価値尺度**の働きと呼ばれるものだ。

でも，これならば実際の紙幣とか硬貨は必要あるまい。円やドルといった通貨単位を決めてしまえばよいからである。物としてのお金が必要になった本来の意味は，品物の売買を仲立ちする**交換手段**の機能を持っていることである。リンゴがどうしてもほしいのだが，自分が持っているミカンと交換してくれる人がなかなか見つからない。そういう場合にお金という便利な道具があれば，いったんミカンをお金に換えておいて，リンゴの持ち主が見つかったときに，そのお金を渡してリンゴにありつくことができる。交換手段としてお金が皆に共通のものになると，今度は掛けで買っておいて，後でお金で清算ということも可能になる。これが**決済手段**としてのお金であり，品物の交換がこうして促進されるのである。

世の中にはいろいろな人がいて，それぞれが欲求を持っているから，リンゴとミカンの交換でもなかなか値段が折り合うとは限らない。だから，私たちはお金を常時手元に置いておいて必要な交換に備えようと考えるのである。また，ミカンがたくさん収穫できても，自分だけで食べようと取っておけば腐ってしまう。だから，皆に販売してお金に換えて，お金のかたちで保存しておけばいつまでも腐ることはない。これがお金の**価値保蔵**の働きである。

だから，お金はさまざまな側面から経済に不可欠な道具であり，経済のどこにもあってグルグル回りながら経済活動を成り立たせている大切なものなのである。その果たす役割は，人体でいえば血液のようなものであろう。お金が経済の大きさ，つまり，GDPの規模に合わせて適切な量だけ世の中になければ，

経済はうまく回っていかないのである。

2．お金の量を考える

　価値尺度の働きを除いて，交換・決済手段や価値保蔵の場合，どうしても紙幣や硬貨といったモノとしてのお金が必要であるように思われるかもしれない。だが，それが必ずしもそうでないということは，近年，電子マネーが登場してきたことからもよくわかる。それが経済のなかでお金として働いてくれれば，紙や金属の姿をしていなくてもよい。実際日本では，以前から銀行の口座を使って公共料金を払ってきたし，近年，銀行のカードでお店での清算が可能になっている。その場合，紙幣や硬貨に出る幕はない。だから，お金そのものには，私たちが考えている以上の広がりがあるということである。

　紙幣や硬貨のようなお金のことを**現金通貨**と呼んでいる。英語ではキャッシュである。経済でお金という場合，**預金通貨**といって銀行預金も含まれている。だが，これは別段奇異なことではない。私たちは，銀行にお金を預ける，というし，手持ちはないけど銀行に行けばお金はある，ともいう。自分の預金はその人にとって現金とさして変わらないお金なのである。銀行預金の利息が安いと嘆いている人がいるが，財布のなかのお金がいつまでたっても勝手に増えないように，銀行預金もお金そのものであるのだから，大して利息がつかなくて当然なのだ。

　お金の抽象的な役割である価値尺度を別にして，現金は主に交換手段としての役割を，預金は決済手段や価値保蔵の役割を，主に果たしているといえるだろう。現金と預金を合わせた世の中にあるお金の量を，**マネーサプライ**という言葉で表している。面白いのは，マネーサプライは大雑把にいってGDPと同程度からそれよりも少し大きい金額になることだ。ちょうど，毎年の私たちの仕事と世の中にあるお金が鏡のように映し合っている。

　割合でいえば，現金はマネーサプライ全体の1割程度にあたる。アメリカは

▶日本銀行本店

日銀本店には，研究所や貨幣博物館も併設されていて，日本経済を貨幣面から見守っている。

（写真提供：共同通信社）

日本より現金の割合が少ないが，ほぼ同じような見当だ。日本では，お店で必ず現金を使うという人がほとんどなのに対して，アメリカでは，カードや小切手で支払う人が多いという習慣の違いによるものである。

次に，銀行の**当座預金**や**普通預金**などの，すぐに引き出せる預金が3割程度ある。ここまでを記号で M1 と表す。M はマネーの M である。皆さんも持っている**定期預金**を M1 に加えたものが M2＋CD というもので，これが通常はマネーサプライとされる。つまり，定期預金のお金がマネーサプライの半分以上を占めるということだ。**CD**（Certificate of Deposit）というのは，預金証書という意味の言葉で，私たちには馴染みがないが，金融機関どうしのお金のやり取りに使われる特別な定期預金のことと考えておけばよい。これに，銀行預金に近いもの，すなわちアメリカでは**投資信託**の一部を，日本では**郵便貯金**と投資信託の一部を加えたものを M3 で表している。ここで銀行預金に近い投資信託といっているのは **MMF**（Money Market Fund）のことである。

マネーサプライは当然，その国の経済の動向を色濃く反映するとともに，経済の動きを左右しもするから，責任を持って目を光らせ，管理する機関が必要であろう。これが一般的に**中央銀行**と呼ばれる組織だ。日本の場合は BOJ（Bank of Japan）こと**日本銀行**，アメリカの場合は Fed の愛称で呼ばれる**連邦準備制度**である。ユーロというお金が流通するヨーロッパ諸国には，**ヨーロッパ中央銀行**がドイツのフランクフルトにある。日本銀行は今でも株式会社であるが，法律によって国の機関として機能している。行員もお金をもらって民間に便宜を図るようなことをすると収賄罪に問われるのだ。日本銀行も各県に支

店を置いてお金の面から経済に目を光らせているが，アメリカのFedの成り立ちは特に変わっている。アメリカは国土が広いので，全国を12の地域に分け，各地域の中心都市に連邦準備銀行がある。それらの12人の総裁から選出された5人と，首都ワシントンにある本部に勤務する7人の理事が，合議でマネーサプライの監視と管理を行うのである。このまとめ役が議長であり，大統領から任命されるこの人がFedの代表者なのである。

コラム17　マネーサプライの調整

　法定準備率が1％，民間の現金預金保有比率が11％だったとしよう。マネタリーベースが69兆円であるとき，マネーサプライはいくらか。

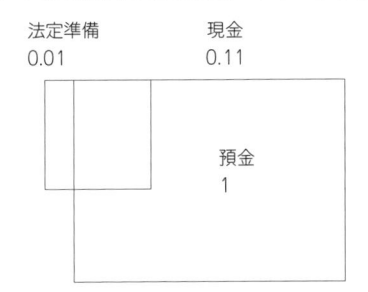

法定準備　　　現金
0.01　　　　0.11

預金
1

　中央銀行は，いろいろな方法でマネーサプライを調整することによって，お金の量を経済の大きさにふさわしいものにしたり，経済に刺激を与えたりする仕事をしている。だが，その場合，民間の持ち物である預金に直接手をつけることはできないから，間接的な手段に頼らざるをえない。中央銀行が比較的直接手を下せるのは，自らが発行している現金通貨と，民間銀行の預金の一定の割合を中央銀行に預け入れることが法律で決まっている預金準備である。これら2つを合わせた呼び名が**マネタリーベース**だ。ベースマネーとか**ハイパワード・マネー**ともいったりするが，すべて同じものを指している。

　例の計算は，預金を基準にして考えるとわかりやすい。預金1に対して，預金準備は0.01，現金は0.11だから，マネタリーベースの割合は0.12にあたる。マネーサプライは同様に1.11になる。したがって，69を0.12で割って預金の合計金額が

出て，これを 1.11 倍すればマネーサプライが求められる。マネーサプライは638兆2500億円である。

3．お金とGDP

　先ほど，マネーサプライは GDP を映し出す鏡であると述べた。景気がよくなれば，銀行の貸し出しが増える分だけ預金も増え，マネーサプライは拡大していく。銀行が企業に貸し出したお金は，他の企業への支払いにあてられる。それはまた他の企業への支払いに使われるかもしれないが，最後はどこかの企業でストップし，預金として銀行に預けられることになるからだ。つまり，銀行の貸し出しが旺盛になれば，その分だけ預金もたくさん作り出される。逆に景気が悪くなれば，銀行の貸し出しは伸びなくなり，その分マネーサプライの伸びも滞りがちになる。

　このようにマネーサプライの伸び方を見れば，それだけで景気の良し悪しがわかるだけでなく，マネーサプライの大小が逆に景気に影響を与えることもある。景気がいいことを金回りがよいという言葉で表現することがあるように，世の中のお金が多くなれば，品物やサービスの売買が進んで景気は刺激されることになる。だが，品物やサービスをたくさん生み出しても，マネーサプライが少ないと金回りが悪くなることが制約になり，せっかく作ったものが売れずに景気を停滞させる場合がある。

　だからこそ，各国の中央銀行のようにマネーサプライの状況を経済の現状に照らし合わせて適切に管理する機関が必要になるのだ。中央銀行がマネーサプライの調整を通じて景気の動向に影響を与えることは**金融政策**の名で呼ばれている。景気が停滞しているときに，それを刺激するためにマネーサプライを増やす政策をとることが**金融緩和**である。逆に景気がよくなりすぎてお金が回りすぎ，景気過熱やそれに伴うインフレの恐れがある場合，マネーサプライの伸

びを抑える政策がとられる。これが**金融引締め**である。

　金融緩和をすれば金利が下がって企業がお金を借りやすくなり，投資が増えてGDPが拡大するきっかけを作る。金融引締めをすると金利が上がって，企業がお金を借りにくくなり，投資が抑制されるのでGDPの拡大が抑えられる。金融引締めは，かなりのスピードで走っている自動車にブレーキをかけることに等しいので，急ブレーキにならないように注意が必要だ。金融緩和をして金利が下がったとしても，企業が投資に慎重であれば借り入れが増えず，景気は回復しにくいということもある。だから，特に景気回復のときに金融政策が効を奏するかどうかはケース・バイ・ケースなのである。

4．中央銀行の仕事

　それでは，中央銀行はどのような方法でマネーサプライを管理しているのだろうか。各国とも手法はほぼ同じなので，日本銀行を例にとって考えてみよう。

　一般の銀行は日本銀行に口座を持ち，その口座に自行の抱える預金の1％程度を預けることが義務づけられている。この口座を**日銀当座預金**，略して日銀当預と呼んでいる。これは当座預金という名前のとおり，預けていても利子がつかないので，銀行側としては必要以上には預けたくない。だから，預ける割合である**法定準備率**は，名前のとおり法律で決められているのだ。

　ということは，日銀当預が少しの金額増えれば，実際にはその100倍近い預金が増えているということだ。預金通貨の増加はマネーサプライの増加を意味するから，日銀としては手元の日銀当預を見てマネーサプライを管理することができるのである。

　日銀はどうしたら銀行預金の金額を増やすことができるのだろうか。先に見たように，各銀行が企業への貸し出しを増やせば，回りまわってそれと同額の預金を増やすことになるから，日銀としては銀行が貸し出せるように必要なお金を提供してやればよい。この際，もちろんタダであげることはできないので，

お金を渡す代わりに銀行が持っている何かを買い取ってやるのである。買い取るのは国債や手形，CP（Commercial Paper）やCDといったものである。CDについては説明したのでCPにふれておくと，これはコマーシャル・ペーパーといって，大企業が銀行から融資を受ける際に無担保で発行する優良手形のことである。これらのものを買い取ることでそれだけ銀行の手持ちのお金が増え，それが企業や国へ貸し出されることになるのである。このやり方を，日銀が市場の相場でお金を供給することから**公開市場操作**と呼んでいる。

　公開市場操作のうち，このようにお金を供給するために手形などを買い取ることを**買いオペ**と呼んでいる。逆に金融引締めの手段としてお金を吸収するために行うのは**売りオペ**である。売りオペにも買いオペにも，一定の期間だけお金を供給したり吸収しておいたりするために，買戻しや売戻しの約束つきで売りや買いを行う場合もあり，**現先オペ**という特殊な言い方で呼ばれている。

　以前，金融緩和の際に，日銀は**公定歩合**という特別の金利で銀行に直接お金を貸していた。銀行が企業に貸すお金を日銀からの借り入れに頼っていたからである。しかし，現在，経済の発展やお金を貸すやり方の発達などで，必要な資金は銀行どうしの融通で用立てられるようになっており，公定歩合の意味合いは以前に比べてずっと薄れた。現在がそうであるように，銀行間の貸し借りでお金を用立てるときにつく金利を**コールレート**と呼んでいる。コールとは電話のコールで，銀行どうしでは電話１本で用立てられることからこの名がある。アメリカでは同じものが別のFF（Federal Fund）レート，すなわちフェデラルファンド・レートの名で呼ばれている。

　日銀が買いオペでお金を提供すると，銀行間でお金を貸し借りする必要がなくなるのでコールレートが下がるということで影響が出る。しかし，近年日本では，日銀の度重なる金融緩和でコールレートがゼロまで下がって久しい。だから，すでに述べたように，日銀は現在，日銀当預の金額に直接目標を立てて，マネーサプライの増加をそれによって図ろうとしているのである。

第9章　お金は経済の血液

> **コラム18　手形買入オペ**
>
> 　額面3200万円で満期まで10日の手形を，日銀が公定歩合8％で買い入れた。買入価格はいくらになるだろうか。
>
> 10日後に
> 3200万円
>
> 日歩0.022％
>
> 　もともと手形というのは，企業どうしの取引で使われる掛売り，掛買いの証書である。品物を売って**約束手形**を受け取った企業は，それを銀行に持ち込んで金利の分だけ割り引いて買い取ってもらう。つまり，手形の満期より前にお金を受け取ることができて，それを運転資金として利用できることになるわけだ。中央銀行はその手形を，公定歩合を使って日割りで割り引いて買い取ることがある。このことは，銀行が割り引いた手形をもう一度割り引くことから**再割引**と呼ばれる。
>
> 　公定歩合の8％は年利だから，これを365日で割って日歩は，0.022％である。したがって，3200万円を1.00022で10回割ることになり，約3193万円が日銀の買入価格になる。

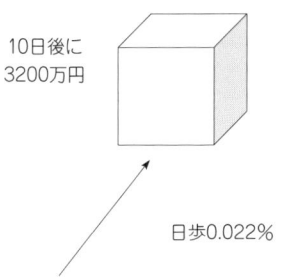

第10章
金融の仕組みをのぞいてみれば

1．金融とは何か？

　金融というと，世間の人はなにかとても難しいものと考えがちである。しかし，それは結局，お金を貸すこと，借りることであり，本来は単純な行為だ。それが難しいといわれるのはたぶん，いろいろな仕組みがお金を貸すという行為のなかから発展してきていて，なにか素人にはわかりにくい専門用語で表されるからだと思われる。

　経済全体を大づかみに見てみると，毎年働いて所得を稼ぎ，それを全部消費しないで将来のためにとっておく部分がある一方，所得が生まれる現場であるが，より一層事業を拡張することを目指していて，お金がいくらあっても足りない部分があることがわかる。これまで学んできたことから，前者が家計であり，後者が企業であることはすぐにわかるだろう。だから，家計のことを**黒字主体**といい，企業のことを**赤字主体**という。

　お金という言葉と同じように，黒字，赤字の用語も経済では要注意である。日常の言い方では，黒字には利益が出ているという意味が，赤字には損失が生じているという意味が含まれるが，経済の言い回しでは必ずしもそのような意味で使われるとは限らない。だから，赤字は悪いことで黒字はいいことという先入観は，いったん白紙に戻しておいた方がいい。

　黒字主体というのは，毎年の所得に比べて消費の額が少ない家計の様子を表

した言葉であり，だから貯蓄ができるのである。「うちは黒字主体なんかじゃないわ。だって，毎月毎月やりくりがたいへんだもの」とおっしゃる奥さんのお宅でも，生命保険に入ったり普通預金を持ったりしているではないか。生活費は所得の多くを占めているだろうがあくまでも一部であって，毎月何らかの貯蓄をしている家計がほとんどである。

　企業の場合も，赤字主体といえば聞こえが悪いが，利益をあげている企業も赤字主体なのである。むしろ，赤字主体の度合が強いほど利益は大きいといった方がよいかもしれない。なぜならば企業は，借り入れをすることで自らの持つお金以上に投資をして事業を拡張し，また来年以降の利益を増やそうと努力をするものだからである。

　こうして，家計が毎年行う貯蓄が企業に流れ込む。実際には，以前見たように，日本では政府が大きな赤字を出しているために，かなりの貯蓄が国債の購入に向かっているが，いずれにしてもそのお金の源は家計なのである。日本のGDP約500兆円のうち，6割が家計の消費であったことを考えると，4割の貯蓄が他の部門の借り入れを支えているということになる。その額，約200兆円。だが，日本の家計の金融資産は約1400兆円であるという。その違いは7倍にも上るが，これはいったいどういうことだろう。

　もうおわかりだと思うが，前者は毎年の貯蓄の金額であり，フローの金額である。他方の金融資産はストックの金額であり，同じ金額でも意味するところは異なるのである。だが，ここではフローとストックの区別でわかった気になるのではなく，もう少し掘り下げて見てみることにしよう。200兆円が，今年，貸し出されていろいろな用途に使われたとする。たとえば，企業は借り入れたお金で設備や建物を建設するし，政府も公務員の人件費や公共投資に使ってしまう。こうして200兆円は，お金を借りたという痕跡でしか残らず，今年の所得としては使われて消えてしまうのである。お金を貸していて期限が来たら返してもらえることを**債権**というし，お金を借りていて期限が来たら返さなくてはならないということを**債務**という。だから，債権債務関係というのは，そこ

をお金が流れて貸し借りが行われました，という記録であり，現在はそこに所得があるわけではない。変なたとえかもしれないが，雨が降ったときだけ水が流れる砂漠の枯れ川のようなものとイメージしていいだろう。確かにそこには川の流れた跡があり，返済の期限が来るとその川を今度は逆方向に水が流れる。厳密にいえば，毎年利息という反対方向の水が少し流れるのであるが。

2．金融機関の役割

 こうして，黒字主体である家計から赤字主体である企業に毎年貸し出しが行われることを金融というのであった。しかし，これでは経済を大づかみに見すぎであって，実際にはこの間をつなぐ多くの人々が働いていて，それが現実の金融の現場を構成している。このように経済のなかで金融を担う組織を**金融機関**と呼ぶのである。金融機関には**銀行**，**証券会社**の他，**信託銀行**や**生命保険会社**がある。

 これらの金融機関は民間の企業であり，利益をあげるために経営活動を行っている点では他の製造業や流通業の企業となんら変わるところはない。しかし，その活動が，金融という経済にとってなくてはならない仕組みを作り上げていることで特別な役割を担っている。

 金融機関でも従業員が働いて給料をもらっている。銀行の支店で接客をしている行員さんも，裏でお金を数えたり計算をしたりしている人も，毎日仕事をして所得を作り出している。証券会社は，お客さんに株を勧めたり，株式の売買を業務としたりする人々を雇用して働いてもらっている。そして，どちらの金融機関も利益をあげ，自らの株主に配当を配ったり事業の拡大に用いたりしているのである。これらの利益と人件費を足し合わせたものは金融機関の作り出す付加価値であり，当然 GDP の一部である。この所得は，金融機関の従業員や経営者が働くことで生み出しているものである。

 それでは，製造業が製品を作って販売したり，流通業が品物を消費者の手元

に届けるという流通サービスを生み出したりして付加価値を作り出しているという意味でいうと，金融機関は何を作り出しているのであろうか。一言でいえば，それは**金融サービス**ということになる。金融サービスは，貯蓄をできるだけ安全に保管するとともに，運用していくらかでも増やしたいという家計と，できるだけよい条件で必要な資金を用立てたいと考える企業をつなぐ仕事ということである。

この金融サービスの対価としてのお金は，具体的には**手数料**と**利鞘**(りざや)として金融機関に入ってくる。証券会社で株式を購入したり売却したりすると，それぞれ手数料がかかることはご存知だろう。また，私たちが銀行に預金したお金につく利息の金利，すなわち**預金金利**は低いが，企業に貸し出しを行うときの**貸出金利**は高い。この金利差が銀行の収入の源になっていて，これを利鞘というのである。流通業で品物を卸してきて店頭で販売したときに，仕入れ値と売値の差額が付加価値の源になるのとまったく同じである。

日本では銀行は，全国規模で仕事をする**都市銀行**と，県内に主な支店のある**地方銀行**とに分かれている。銀行とよく似た仕事をする金融機関に，**信用組合**と**信用金庫**がある。銀行が株式会社であるのに対して，これらはともに地域の中小企業や個人事業主などが共同出資して設立した協同組織である。だが，信用組合は総預金量の20％まで，信用金庫は無制限に，会員以外の預金も受け入れることができる。

アメリカでは，日本の銀行にあたるものを特に**商業銀行**と呼んでいる。商業銀行には法律上，設立の認可を連邦から得ている**国法銀行**と，同じく州から得ている**州法銀行**とがあるが，どちらでもまったく違いはない。元々はどの銀行も，法律で州内での業務しか認められていなかったため，アメリカでは現在でも大小おびただしい数の銀行が存在している。しかし，現在は小規模な**リージョナル・バンク**が数多くある一方で，多地域にわたって展開する**スーパーリージョナル・バンク**や，全国規模の事業を行う**マネーセンター・バンク**と呼ばれる大銀行もある。また各地域には，庶民から預金を集め住宅資金を融資する小

規模な金融機関である**貯蓄貸付組合**も数多い。

　銀行を中心とするこれらの金融機関は，いわば経済の神経系として金融の仕組みを維持し，お金を円滑に回す手助けをしていると考えられるのである。

コラム19　貯蓄と投資

　基礎消費が50兆円，投資が80兆円の年があったとする。消費性向が0.75から0.8に高まったとき，GDPはそれぞれいくらの金額になるか。

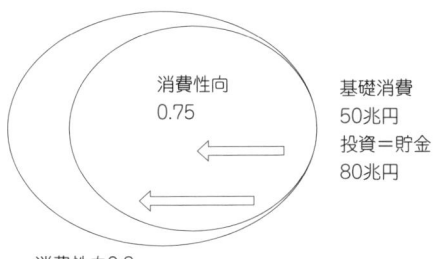

消費性向 0.75

基礎消費 50兆円
投資＝貯金 80兆円

消費性向0.8

　GDPがいくらであろうと，たとえ所得がなかったとしても，生きるために行わなくてはならない消費の金額を**基礎消費**と呼ぶ。

　GDPは，所得に比例しない基礎消費と投資の合計額を，1から消費性向を引いた割合で割れば求められる。したがって，消費性向が0.75のときには130兆円割る0.25で520兆円である。また，消費性向が0.8のときには130兆円割る0.2で650兆円になる。まさに家計の消費は経済の増幅器であり，消費の割合が少し増えただけでGDPは130兆円も違ってくるのである。

　ただ，今回のコラムの主題はこのことではない。今の2つのケースで貯蓄はどうなっているかを見ようというのである。GDPが520兆円から650兆円へと大幅に増えれば貯蓄も当然増えると思うだろうが，どちらも貯蓄は80兆円で投資の金額に等しい。つまり，GDPが増えた分は，所得に比例する消費が増えた分にまったく相当するのである。だから，企業の年間の投資計画が決まれば，その年に国民が行う貯蓄は決まってしまうのであり，残りのGDPの伸びは，消費がいくら伸びるかにかかっているということだ。

3．銀行と企業

　企業が商売をするときに銀行とのつきあいは欠かせない。金融機関の中心になる銀行はお金の扱いのエキスパートであるから，こことのつきあいなしに会社の経営を行うことはできないのである。

　会社は必ず銀行に**当座預金**を持っている。当座預金とは，利息はつかないが小切手を振り出せる預金であり，企業は日常のお金の支払いを現金ではなく小切手を使って行う。小切手を受け取った相手は，それを銀行に持ち込めば換金することができる。換金する際に当座預金の残高がその分減って決済が行われる。アメリカでは個人でも日常の買い物に小切手をよく使うということを以前少し説明したが，日本でも企業のお金の支払いでは小切手を使うのである。

　ただ，企業が小切手を振り出しすぎて当座預金の残高を上回ってしまうことがあるかもしれない。この場合，銀行はあらかじめ決められた金額までは残高を上回って換金に応じてくれる。これが**当座貸越**と呼ばれるもので，残高を上回った分は銀行から企業への貸付の一種と見ることができる。

　このように，銀行は多くの企業と当座預金を通じてつながっている。そして，前章で見たように，各銀行は日本銀行に預金準備を日銀当預として預けることが義務になっているので，当座預金つながりで，企業は通貨当局ともつながっているということなのである。

　さて，現金は企業にとって本当に大事なものであるから，取引にあたって企業はお互いに使う現金を節約しようとする。小切手の利用もそのためのものであった。さらに，原材料費や製品の代金など金額が多額になる取引では，企業は**約束手形**で支払いをする。約束手形は，手形の**振出人**である買い手が，手形の**受取人**である売り手に，たとえば3カ月後の決済を約束する掛売りの証明書である。昔は本当に手形を押したので，今でもこんな古臭い名前が使われている。

第10章　金融の仕組みをのぞいてみれば

　約束手形を振り出した買い手は，現金を使わずに品物を入手できたのだからよかったわけだが，このままだと売り手は3カ月間お金を受け取ることができない。そこで，受取人である売り手は，手形の裏に取引先の名前を書いてその手形で別の会社への支払いに使う。これが**裏書**というものだ。裏書で手形を受け取った相手は，他にその手形をわたす相手が見つからなければ，自分の取引先の銀行にその手形を持ち込んで手形を買い取ってもらう。この際，日割りで計算した金利の分だけ手形を安く買い取るので，**手形割引**の名前がある。銀行としては，その手形の額面のお金を3カ月貸したのと同じことだから，割引の差額を利息として事前に受け取っておくのである。中央銀行は買いオペをする場合，こうして銀行によって割り引かれた手形を再び買い取るかたちになるので**再割引**という言い方をするのであった。

　このように，手形は**信用買い**の証明書であり，代金立替でのお金を3カ月後に払いますという約束だったから，銀行に対して直接同じような約束手形を差し入ればお金を借りることができる。このように，手形と交換で銀行がお金を貸すことを**手形貸付**と呼んでいる。手形の性格上，この貸付は1年以内の比較的短い時間のものだから，企業としては，品物の買い入れなどで一時的に必要な多額の**運転資金**の借り入れに利用されるのが普通である。また，ボーナスの支払いなどでも一時的に大きなお金が必要なので手形貸付が使われる。借りたお金は1カ月ごとの分割か，手形の期限が来た際の一括か，で返済される。前章で見たCPというのも，大企業向けに銀行が手形貸付をする際の約束手形のことである。

　ここまでの銀行による会社への貸付は，いずれも1年以内で返済が終わるものばかりであり，多年にわたって経済活動の背後に残る金融関係ではない。だが，企業には長年にわたって拘束されるようなお金の使い方がある。それが固定資本を積み上げていく**設備投資**である。だから，多額の**設備投資資金**を企業が銀行から融資してもらうときには，以上までとは異なった貸付の仕方が利用される。**証書貸付**と呼ばれるこのやり方では，借りるときに証書に金額，金利，

93

期間，返済方法などを記入し，会社の実印を押し，連帯保証人の署名と捺印をした上で銀行に差し入れる。企業の返済方法は**元金均等返済**である。この方法では，たとえば，1000万円を5年で借りた場合，200万円ずつ元金を毎年返済するとともに，残高への利息を払っていく。だから，金利7％のとき，利息は最初70万円だが，その後56万円，42万円という具合に減っていく。

　企業だけではなく家計も，投資を行うための多額の資金を銀行から借り入れることがある。住宅投資のための住宅ローンである。住宅ローンも手続きは証書貸付だが，一般に企業とは異なり**元利均等返済**という返済方法がとられるのが普通だ。これは返済が完了するまで毎年の返済額が一定になるやり方で，最初のうちは主に利息だけを支払い，徐々に元金を多く返済していくかたちになる。

4．銀行への規制

　このように，銀行は企業による経済活動と密接に結びつき，これを背景から支える重要な役割を果たしている。だから，銀行が破綻すると，単に一企業が破綻したにとどまらない大きな影響を経済に及ぼすことになる。だから，政府や中央銀行は，銀行に対して規制と監督を厳しく行っている。

　各国の中央銀行が株主となって運営している国際組織に**国際決済銀行**というものがある。この組織は，中央銀行間の取引をつなぐ役目を果たすほか，加盟国の民間銀行が守らなくてはならない約束事を決める仕事もしている。国際決済銀行を英語で表したときの頭文字から，この約束事を **BIS**（Bank of International Settlement）**規制**と呼ぶのである。

　BIS規制でいちばん重視されているのは，銀行の**自己資本比率**が8％以上でなくてはならないというものである。自己資本比率とは，銀行の資産のほとんどを成す貸付額に対して，自己資本と呼ばれるものが占める割合のことだ。銀行は，自己資本以外のお金を預金でまかなっているから，つねに貸し倒れにな

第10章 金融の仕組みをのぞいてみれば

▶スイスにある国際決済銀行（BIS）

金融庁による銀行への早期是正措置でも，その基準はBIS規制にもとづいて定められている。

（写真提供：共同通信社）

ってしまう可能性がある貸付に占める自己資本の割合があまりに少ないと，預金に手をつけることになりかねないからである。

銀行の自己資本は，通常の企業の株主資本と同じく，資本金や資本準備金，利益からの蓄積を含んでいる。だが，銀行の場合，これは基本項目，あるいは**ティア1**と呼ばれ，自己資本の一部にすぎない。他にも補完的項目，**ティア2**と呼ばれるものがある。ティア2には株式など有価証券の**含み益**が含まれる。だから，株価が低迷すると銀行の自己資本比率は下がるし，株価が盛り返すと自己資本比率は上がる。また，**劣後債**と呼ばれ返済の順位が後回しになる借入金も自己資本に入れていいことになっている。さらに，たいへんわかりにくい**繰延税金資産**というのも，日本の銀行のティア2のかなりの割合を占めていることは問題かもしれない。

銀行が，返済が見込めない貸付に見切りをつけ，その**不良債権**を処理したとする。その金額は処理を行った年の損失になるので，銀行の利益はその分減ってしまう。だが利益が減るということになれば利益に課される法人税が安くなるから，その点はラッキーだ。しかし，税務署にそのことをいっても税務署は慎重だから，貸付相手企業が本当に破綻しない限り，不良債権を処理した金額を損失として認めてくれない。だから銀行は，2億円でよいと思った法人税を今年5億円払わなくてはならないということが起きる。だが，3年後，税務署

95

が貸付相手の破綻を確認して損失を認めたとすれば、その年に払わなくてはいけない法人税から3億円を引いてくれる。ということは、銀行から見て3億円を国に3年間預けたかたちになるわけで、このお金を繰延税金資産と呼んでいるのだ。

コラム20　貸付額と銀行の自己資本比率

　ある銀行の自己資本が150億円あるとする。これに対して、貸付は、国債が500億円、他の銀行への融資が400億円、一般の企業への貸付が1000億円だとしよう。この場合の自己資本比率は何％か。ただし、掛け目は国債が0％、他の銀行への融資では20％、一般企業貸付では100％となっている。

借方	貸方
国債 500億	預金 1750億
他行への融資 400億	
一般企業貸付 1000億	自己資本 150億

　普通に考えれば貸付の総額が1900億円だから、この金額で150億円を割って7.9％と考えられる。これではBIS規制の基準を下回っている。しかし、実際は、貸付額は、貸付相手によって決まっている掛け目を、金額に掛け合わせて算出することになっている。掛け目が、国債で0％、他の銀行に対する融資では20％、一般企業向け融資では100％であるとすると、計算上の貸付額は0億円＋80億円＋1000億円で1080億円になるので、自己資本比率は13.9％と、求められることになる。

第11章
金利はどうやって決まる？

1．銀行と貸付金利

　銀行が企業にお金を貸すときの金利を**貸付金利**という。貸付金利は企業の通常の経済活動や投資の動きを決めるので，経済にとってとても重要な意味がある。それでは，この貸付金利を銀行はどうやって決めているのだろうか。
　銀行の貸出金利についても預金金利と同様に法律によって上限が画されているが，自主性が尊重されて各行の判断で貸出金利が決められている。その場合，重要なのは貸付先の企業の信用であり，企業の信用が小さいと金利は高く，大きいと金利は低くなる。したがって，信用度の高い取引先に対して適用される金利は他の金利に比べて低いものとなっているのだ。この優遇された金利のことを**プライムレート**という。プライムレートには**短期プライムレート**と**長期プライムレート**がある。
　それぞれの銀行は，預金からの調達割合で金利コストを計算し，これにさまざまな必要経費を加えて資金の総合的な調達コストを出す。これをベースにしながら，貸出需要の状況や市場金利の動向，さらに利益を総合的に判断して決められるものが短期プライムレートである。短期プライムレートは短期金利の指標である**無担保コール翌日物金利**の変化に合わせて変化していく。銀行どうしの，今日借りて明日返す，といったきわめて短期の資金融通では，担保をとらないためこの名がある。

長期プライムレートは，金融債を発行している金融機関が長期貸出をする際の金利の基準として重要なものである。決め方は新発利付金融債の表面利率に0.9％を加えるというものだ。利付金融債は，長期信用銀行や農林中金，商工中金等の債券発行金融機関が毎月発行する債券である。

　実はもう一つ，**新長期プライムレート**というものもあり，こちらは一般の銀行が長期の貸し出しをする場合の基準になる金利である。元来，一般の銀行は短期の貸付のみを行い，金融債を発行している特別な銀行が長期の貸付をするというのが当初の姿だった。現にアメリカでは銀行が行うのは営業資金の貸付のみである。後に述べるように，アメリカの企業は長期の借入を社債の発行で行っているのだ。

　ただ，日本では高度成長期以来の伝統で，一般の銀行がある程度長期の貸付もする。したがって，その場合，銀行は短期プライムレートを基準とすることになる。貸出期間が1年超3年以内のものは短プラに0.3％を加え，3年超のものは短プラに0.5％を加えて決めている。新長プラが適用されない一般の取引先に関しては，信用度に応じて金利を上乗せして貸出を行う。この上乗せされる金利分が**リスク・プレミアム**である。

　このようにして貸出金利が決まるため，銀行は資金を調達するコストが上がると金利を上げるし，取引先の倒産の危険性が高まるとやはり金利を上げる。景気が過熱してくると金利が上がっていくのはこのためだ。中央銀行も景気過熱を抑えて，金融を引き締める政策をとる。一転して，景気が停滞するときには資金の需要が少ないので金利は低めである。中央銀行がさらに金利を低くして投資を増やし，景気回復へと経済を導こうと思えば，金融を緩和する政策をとるわけである。このことに，金回りのよさ，すなわちマネーサプライの量が関連していることはすでに見た。金回りのよさを**流動性**ともいうので，金利の微妙な調整や動きには流動性が深く関わっているといってよい。

2．証券会社と社債発行

　証券会社は銀行と並ぶ金融機関といっていいだろう。しかし，証券会社と銀行の仕事ではずいぶん違いがある。銀行が，預金を元本保証するし，融資の審査も厳しいので硬いイメージであるのに対して，証券会社は値上がり，値下がりの激しい株式の売買をする企業だから，何か相場師的な感じがある。

　証券会社が行う業務は大きく分けて4つである。すなわち，**ブローカー業務**，**ディーラー業務**，**アンダーライター業務**，**募集業務**がそれらだ。ブローカー業務は委託売買を引き受けることで，一般の人が証券会社の支店に出入りするときはこの売買を依頼することが目的だ。株式や社債の売買をするには資格が必要であり，一般の消費者が直接売買をすることはできない。そこで，株式を買いたい，社債を売りたい，などというときは手数料を払って証券会社に依頼する。これに対して，ディーラー業務というのは，証券会社が自分の資金で株式や債券を売買することである。この自己売買の業務で，証券会社は一般の投資家と同じく値上がり益や配当，利息を受け取る。

　だが，これらの2つの業務で証券会社が行っているのは，すでに発行された株式や社債を売買するということだけである。証券の買い手は確かに売り手にお金を払うが，そのお金は証券と反対に持ち手を変えるだけであって，株式や社債を発行している企業にそのお金が行くわけではない。もちろん，これによっても金回りがよくなるという効果はあるだろうが，資金を必要とする企業に家計から新たなお金が流れるわけではないのである。

　証券会社が本当に金融機関として活躍するのは，残りの2つの業務においてである。アンダーライター業務というのは引受業務という意味だ。これは，新しく発行される株式や社債を証券会社が一括して買い取ることである。買い取った証券を一般の投資家に販売するわけだが，こうした新発証券の卸売りをすることで，証券会社は企業に代わって株式や社債を発行する手間を負っている

ということになる。国債のように引き受けの金額が大きい場合、証券会社や銀行、生命保険会社といった金融機関が、**引受シンジケート団**を形成して共同で引き受けを行う。なお、最後の募集業務は自分のお金で証券を引き取るのではなく、株式や社債の発行について投資家に広く情報を流して、それら証券の買い手を募ることである。

アメリカでも日本と同様の証券会社の活動が広く見られる一方で、**インベストメント・バンカー**と呼ばれる古い歴史を持つ巨大同族会社も自己資金による社債の引受業務をしている。日本では投資銀行と訳されることもあり紛らわしいのだが、銀行の仕事は営んでいない。ただし、こうした会社も近代化を進めているので、一般の証券会社と大きな違いはなくなってきている。

コラム21　CBとワラント債

その会社の株価が1300円のとき、権利行使価格が1000円で額面100万円のワラント債を購入した。このとき、パリティはいくらであろうか。

ワラント	社　債
（新株引受権の部分）	100万円

株式と社債の中間のような性格を持つ社債がある。そんな不思議な社債はCB (Convertible Bond) と**ワラント債**の2つに分けられる。CBとは**転換社債型新株予約権付社債**、ワラント債は**新株引受権付社債**のことだ、などといえばますます話がわからなくなるだろう。

これらはどちらも最初は社債として発行され毎年利息も支払われるが、そのあと新株が発行されるときに行使できる権利に違いがある。CBの場合、投資家は社債をそのままある割合の株式に転換できるので、株式に変更する場合、新しくお金を払い込む必要はない。これに対して、ワラント債では決められた権利行使価格で株

式を購入できる権利が付いているだけなので，実際に株式を入手しようと思えば追加の資金を振込むことが必要なのだ。通常，額面と同じ金額の新株を購入できる。

ワラント債に付いている新株引受権の価格のことをパリティという。購入できる株数は1000株で，購入する新株1株あたりの利益は300円だから，30万円がパリティとなる。

3．証券と金利

　すでに国債のところで見たように，社債などの債券価格と金利の間には密接な関係がある。一般に世間の金利が高くなれば，債券価格は低下していく。債券の場合，額面に対していくらという利率は最初から決まっているので，世間で金利が高くなれば，それを持っておくことが損になってしまうためである。早いところその債券を売却して新しく発行された債券に乗り換えた方がよい。額面に対していくらと決まっている利率を**表面利率**というのであったが，表面利率を世間の金利が上回れば債券価格は額面割れを起こす。逆に，世間の金利が表面利率より低ければ，債券価格は額面を超えるのである。また，一般に，償還までの残存期間が長いほど，同じ金利の変化に対して債券価格が変化する大きさが大きくなる。

　このように，金利が上がれば債券価格は下がり，金利は下がれば債券価格は上がるという，単純な関係が見られる。これに対して，株価と金利の関係は，企業の時々の業績や市場の思惑が絡んでくるのでそれほど単純には割り切れない。しかし，金利と同じ方向に変化すると考えても，とりあえずはいいだろう。つまり，世間の金利が上がると株価は上がるし，世間の金利が下がると株価も下がるのである。

　これは，同じような資産の運用先として人々が債券の市場と株式の市場を比較して考えているからである。景気がよくなって金利が上がってくれば，流通

している債券の価格は下がるので，人々はそれを嫌って株式市場に資金を移す。こうして株価が上がるのである。逆に，景気が悪くなってくると企業の業績も悪化するので，人々は株式を嫌って債券市場に資金を移す。こうして債券価格が上昇して金利は低下していくのである。

株式を中心とする証券を取引する場所が**証券取引所**である。証券取引所は会員である証券会社で構成する法人組織であり，証券取引法という法律に基づいて設立されている。また，日本の主な証券取引所である東京証券取引所と大阪証券取引所は，すでにそれ自体，株式会社になった。東証と大証の他，日本には現在，名古屋，札幌，福岡の各都市に証券取引所がある。これらの取引所で自社の株式を売買してもらうためにはさまざまな基準を満たさなければならず，これを満たして毎年取引料を払うことで**上場銘柄**となる。

JASDAQ市場は中小企業，中堅企業，ベンチャー企業に力を入れている店頭株式市場であり，上場基準が取引所より緩い。この市場は日本証券業協会が設立した株式会社ジャスダックが運営している。また，日本証券業協会は未上場企業の株式を売買する場として**グリーンシート市場**も運営している。これは取引の情報を緑色の用紙に記載することから来た名称で，アメリカでは同様の理由からピンクシートと呼ばれる。

アメリカで代表的な証券取引所はニューヨーク証券取引所である。日本の

▶ニューヨークに登場したNASDAQの電光掲示板

自由で健全な資本市場を育んでいくことが，経済の発展に欠かせないものになってきた。

（写真提供：共同通信社）

JASDAQ市場の元になったNASDAQは全米証券業協会が管理する中堅企業向けの市場であり，現在，アメリカ証券取引所とフィラデルフィア証券取引所を合併したかたちで運営されている。

4．長期金利と短期金利

　金利にはお金を貸し付ける時間の長さに応じて，**短期金利**と**長期金利**とがある。短期金利は1年未満のお金の貸し借りに伴う金利であり，長期金利は1年以上のお金の貸し借りに伴う金利である。実際の金利の表示にあたってはすべて1年の長さに直して表されるから，短期金利と長期金利とを比較することが可能である。
　一般に，金利は長期になればなるほど短期より高いといってよい。この状態が**順イールド**である。これは長い期間の貸付になるとその分，お金が拘束されるので，流動性を犠牲にしなくてはならないからだ。当面，この**流動性プレミアム**を無視すると，短期金利は長期金利とある単純な関係に立っていることがわかる。たとえば，1年を4つに分けた3カ月の貸し借りに伴う金利を足して4で割ると，向こう1年の貸し借りの金利になる。だから，これから金利が上がっていくようなときには，長期金利が短期金利を上回るその差は大きくなるし，これから金利が下がっていくようなときには長期金利の短期金利に対する上回り方は小さくなる。それどころか，金利の低下が急であると流動性プレミアムから来る金利差を上回って，現在の長期金利が短期金利を下回ってしまうことが起こるというのもわかるだろう。これが**逆イールド**と呼ばれる状態である。
　このように，長期のお金と短期のお金は，密接に関連しながらそれぞれ別の貸し借り関係を作っている。そして，長期金利に深い関わりを持つ金融機関に**信託銀行**と**生命保険会社**がある。
　信託銀行とは，通常の銀行の仕事をする他に，**信託業務**といってお金や土地を預かって管理運用する仕事をする金融機関である。信託業務の方は，同じ金

額のお金を預けても預金ではないので元本は保証されないが，預金より利回りも高い。ヒットやスーパーヒットの名で親しまれているのはこうしたお金の信託である。市場での運用ではなく企業への貸付を目的にお金を預かることもある。土地を預かった場合は，これをオフィスビルなどの建設にあてて家賃で儲けを出すのだが，アメリカでは以前から，日本では近年，これを証券のかたちで売り出し，儲けを投資家に還元する**不動産投資信託**という仕組みが普及している。リート（REIT, real estate investment trust）と呼ばれるものだが，日本ではJ-REITの名で，合わせて2桁の銘柄が東証と大証に上場されている。

いわゆる**投資信託**は，やはり小口のお金を集めて，それらをまとめてプロが債券や株式で運用する仕組みであり，本国のアメリカはもちろん日本でも無数の商品が販売されている。実際の商品はプロである投資信託会社が作るが，このお金や株式を管理しているのは信託銀行である。同じように年金の積立金も債券や株式で運用されるが，信託銀行は企業年金の基金を預かり，その運用を代行してもくれる。

生命保険会社も，保険料として集めたお金を証券の売買で運用している金融機関である。保険は大きく**生命保険**と**損害保険**の2つに分けられる。生命保険は，人の生死を対象に，一定金額の保険金の支払いを約束している。保険に入ってから実際に保険金が支払われるまで長い年月が経過するから，生命保険会社は**予定利率**といって，その長期間の金利見通しを立てる。この予定利率は，保険料の金額を決めているから，原則として途中で変更されることはない。生命保険会社は予定利率を上回る運用成績をあげることで利益を出しているのである。なお，損害保険は交通事故や火災など不測の事故により生じる損害を保証する保険であり，損害保険会社が取り扱っている。損害保険会社は生命保険会社と異なり，集めた保険料を1年未満の短期で運用する。

第11章 金利はどうやって決まる？

> **コラム22　資本コスト**
>
> 　有利子負債7000万円，株主資本1億3000万円の会社がある。法人税率30％，金利2％，株主の期待収益率5％であれば，この会社の資本コストはいくらになるだろうか。
>
> | 資産
2億円 | 有利子負債
7000万円 |
> |:---:|:---:|
> | | 株主資本
1億3000万円 |
>
> 　会社は事業を行うための資金を借り入れと株主資本によってまかなっている。借り入れた資金には当然利息を払わなければならない。この利息はお金の借り入れに伴う費用である。株主は会社の持ち主だから，彼らに保証する利益は，もちろん費用ということにはならない。だが，会社を実際に運営している立場からすれば株主の意向は経営に強い影響力があるから，株主の利益を保証することが義務や責任となり，彼らが期待する利益はコストして意識されることになる。
>
> 　この観点から，会社がどうしてもあげなくてはいけない総資本利益率を**資本コスト**というのである。会社の総資本は負債と株主資本を合わせて2億円である。このうち，負債のコストは2％，株主資本のコストは5％だから，これを単純にお金の割合で平均すればよいように思うが実は違う。負債の利息は税務会計上も費用だから，この分，法人税の節約につながるので得なのだ。だから，有利子負債の方は法人税分の3割を引いて，2％の7掛け，1.4％のコストと考えられる。1.4％と5％を2億円に占める7000万円と1億3000万円の比率で平均すれば3.74％になる。
>
> $$\frac{7000万円 \times 1.4\% + 1億3000万円 \times 5\%}{2億円} = 3.74(\%)$$

第 12 章

国のつきあいと国際収支

1．外国にお金を送るとき

　経済活動が国境を越えて広がりを見せたのは現代に始まったことではない。ヨーロッパなどでは古くから国と国との間で取引をすることが多かったし，日本でも江戸時代には上方と江戸とは別の経済圏を構成していた。ヨーロッパでイタリアからドイツへとお金を送りたいとき，また，日本で上方から江戸へとお金を送りたいとき，どちらも間にはアルプスや箱根の山といった山賊の潜む物騒な場所がある。ここで現金を取られてしまったら取り返しがつかないことである。

　そこで考えられたのが**為替**の仕組みである。経済的な取引があるところ，お金を送るのは一方的でなく相互に送り合うものだから，手形を差し交わす，ということで「かわせ」の名がある。いちばん単純なのが，銀行で**送金小切手**を購入して外国に郵送する方法である。これを**送金為替**，または**並為替**という。小切手を受け取った相手は，自国の銀行にその小切手を提示して自国の通貨でお金を受け取る。これは家族に送金をしたり，援助でお金を送ったりという場合に使われるやり方だ。

　これに対して，貿易などの商業的なやり取りでは**為替手形**という特別な手形が使われる。為替手形の場合，登場人物は約束手形の2人から1人増えて3人になる。すなわち，手形を発行する**振出人**，手形を受け取る**指図人**，お金を支

払う**名宛人**である。そして，この場合，手形の流れはお金の流れと逆で，お金を取り立てる人からお金を払う相手に向かうため，**取立為替**，または**逆為替**と呼ばれる。貿易に即していえば，品物を輸出した振出人が外国の指図人に対して名宛人からお金を取り立てることを依頼するのである。実際の貿易の場面で，これを詳しく見てみよう。

　いま日本の自動車メーカーがアメリカのディーラーに対して自動車300台を輸出したとしよう。メーカーは自動車を船積みして，船会社から**船荷証券**という書類を受け取る。これは輸送貨物を受け取るときの大切な引換証になる。自動車メーカーはこの船荷証券に為替手形を加えて，日本の取引先銀行に持ち込む。銀行はこの為替手形を割引の上，買い取るので，自動車メーカーは輸出代金をこの場で受け取ることができる。ちなみに，為替手形の買い取りのことを**ネゴシエーション**，船荷証券付きの為替手形を**荷為替手形**と呼ぶ。

　荷為替手形を受け取った日本の銀行は，為替取引の契約を結んでいるアメリカの銀行に荷為替手形を送る。アメリカの銀行は，輸入業者に連絡をとり，荷為替手形と引き換えにお金を支払ってもらうのである。アメリカの日本車ディーラーは港に行き，船荷証券と引き換えに自動車の引渡しを受ける。

　それでは，アメリカの銀行が受け取った輸入代金はどうなるのだろうか。それを日本に送るのでは為替取引の意味がない。実はこのお金が日本に送金されることはない。そうではなく，アメリカの銀行にある日本の銀行の口座に入金されるのである。為替の業務を行うために，各国の銀行は相互に口座を開き合っている。この口座を通して為替の取引を行うのである。この約束を**コルレス契約**，この関係にある銀行を互いにコルレス銀行と呼んでいる。コルレスはコレスポンデンスの略である。

　実際には，為替手形の買取りにあたって，日本の銀行はアメリカのコルレス銀行に**信用状**というものを発行させている。信用状というのは，もし，輸入業者であるアメリカのディーラーが輸入代金の支払いをしなかった場合には，コルレス銀行が代金分を立て替える確約証である。この信用状も貿易に伴う為替

第12章　国のつきあいと国際収支

取引にとって不可欠のものである。

2．国境を越えたお金の貸し借り

　一方的な送金や貿易でのお金の流れは一つひとつがそれで完結していて，その後に特別な関係が残ることはない。これに対して，国境を越えてお金の貸し借りがなされるときには，後でお金を引き上げるとか返済を受けるとかいった債権と債務の関係が残る。また，この場合には本国へ利益を送ることや利息の支払いを受けるというかたちで，毎年派生的に為替の取引が行われることになる。

　まず，日本の会社がアメリカに営業所を作ったり，工場を建設したりすることを**直接投資**と呼んでいる。直接投資はいろいろな理由で行われるが，日本の場合，アジア向けでは現地の安い人件費を使った機械の組み立てが目的だし，アメリカ向けではアメリカの市場での製品の販売が目的である。同じ自動車を売るのでも，国内で生産してから外国に持っていけば輸出になるが，現地の自社工場で組み立てればその国の国産品ということになる。さらに現地に雇用が生み出される点で相手国にとっても望ましい。かつて，日本とアメリカの間に自動車をめぐって貿易摩擦があったとき，大手日本車メーカーがアメリカ中西部や南部に進出したのも，摩擦解消が目的であった。日本が中国に進出するのも，もともとは上記の生産コストの削減が目的だったが，現地の所得水準の上昇に伴って中国市場そのものを目指すようになっている。

　直接投資では，支社の建物や工場を建設するための費用を国内から投資先の国に持ち出すことになる。この多額のお金は工場や支社というかたちで相手国に留め置かれる。だが，もともとは日本企業のお金であり，現在，一部の高性能品の工場が日本国内に回帰していることに見られるように，状況が変われば撤退してお金を引き上げてくるということもありうるのである。

　よりお金を引き上げやすいかたちで海外に投資しようと思えば，外国の株式

109

や債券を購入したり，外貨預金を買ったりすればよい．個人の投資以外にも，銀行などの金融機関は海外の企業や金融機関に貸付をしているし，投資信託も海外の株式をメインにしたものが少なくない．これらが**証券投資**などであり，この場合は，直接投資のように現実の経済活動を日本企業が直接海外で行うわけではなく，純粋にお金のかたちで貸し付けているだけだ．

コラム23　Ｊカーブ効果

　為替レートが１ドル110円のとき，１台100万円の自動車輸出が500万台だった．為替レートが１ドル105円になると輸出が480万台に減った．輸出額はドルで見ていくらからいくらに変化するか．

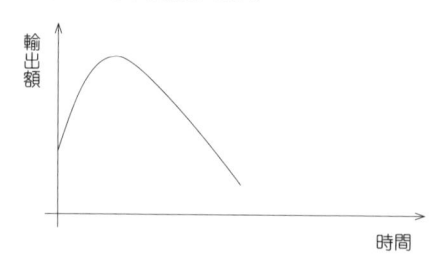

（縦軸：輸出額　横軸：時間）

　為替レートと貿易が密接な関係があることはよく知られている．円安は日本の製品を外貨で見て安くするので，輸出を増やすということでは望ましい．逆に円高になると日本の製品が外貨で見て高くなるから，輸出は減っていくはずである．

　いま，１ドル110円の円安の状態から１ドル105円の円高の状態に変わったのだから，輸出が減ることが予想できるし，実際20万台，輸出台数が減少している．また，円で見た輸出額も，当然であるが５兆円から４兆8000億円に減っていることが見て取れる．

　ところが，日本の輸出額をドルに直して見ると，常識で考えて少し奇妙なことが起こっている．100万円の自動車は，為替レートが１ドル110円のときはアメリカで約9100ドルだが，１ドル105円になると約9500ドルで売られる．これにそれぞれの場合の輸出台数をかけると，ドルで見た輸出金額は455億ドルから457億ドルへと２億ドルもかえって増えているのである．

第12章　国のつきあいと国際収支

　これはドルでの日本車価格が値上がりした割には，当初，輸出額が減らないために起こる現象である。1台のドル価格がかさばった分で輸出台数の減少が穴埋めされてしまうのである。だが，円高が持続すれば輸出台数はさらに減り始め，ドルで見ても輸出金額が減少していく。図でいえば，ちょうどJの文字を逆にしたように見えることから，これをJカーブ効果と呼ぶ。日本の貿易に関して使われることが多かった言葉だが，このJは決して日本を意味するJではない。

3．国際収支を構成するもの

　これまでに，外国とのお金のやり取りには一方的な送金や貿易によるものと，お金の貸し借りによるものがあるという話をした。いずれも日本からアメリカに向かうお金もあれば，アメリカから日本に向かうお金もある。そして，1年を通じて，どれだけのお金が相互に流れたかを毎年集計したものを**国際収支**と呼んでいる。だから，国際収支もフローの金額であり，アメリカから日本に向かったお金1年分から日本からアメリカに向かったお金1年分を引いたものとして表される。

　まず，家族への送金や貿易にまつわる支払いなど，それだけでお金の流れが完結してしまう通常の為替取引を**経常収支**と呼ぶ。経常収支はアメリカで約4000億ドルの赤字，日本で約15兆円の黒字と確かに大きいのだが，GDPとの比較ではともに3％程度である。だから，赤字や黒字というと経済全体にとって大きなアンバランスという気がするが，割合ではまあバランスしているといってもよいのである。経常収支の赤字や黒字は大きく取り上げられることが多いので，この大きさ感覚はよくよく知っておきたい。

　経常収支のほとんどを占めるのが**貿易収支**である。これは製品や原材料などの輸出額から輸入額を引いたものであり，日本ではGDPの2％ほどである。これだけ国際化の進んだ時代に驚くほど小さいものだな，とお感じであろう。

▶米大リーグ，メッツの松井稼頭央選手を応援するファン

アメリカ居住者である日本人大リーガーが年俸を日本に送金すれば，移転収支として計算される。

（写真提供：共同通信社）

　もちろん，輸出額と輸入額はそれぞれGDPの1割程度あるから，プラスマイナスの収支で見る前はもう少し大きい。それにしても9割はいわば国内で自給自足しているのである。

　この貿易収支を補完するようにして，かたちのない品物であるサービスの収支がある。特に貿易収支とあわせて考えるときは**貿易サービス収支**という。だが，ものとしての姿を持たないサービスは船に積み込めないので，いったいどうやって売買するのだろうと思われるだろう。当然この制約から，サービスの国際取引はある程度限定的なものになる。代表は輸送サービスだ。ものや人の輸送で外国の会社を使えば，輸送サービスの貿易になる。アメリカに行く場合，私たちがアメリカの航空会社を使えばサービスを輸入しているわけだし，アメリカから日本に製品を運ぶ際に日本の船会社を使えばサービスの輸出である。また，私たちが海外旅行をしたとき，さまざまなサービスを購入していることに気づくだろう。まず，現地のホテルを使うし，レストランにも行く。夜はバーで飲むし，テーマパークで遊ぶのも欠かせない。これらは外国のサービスの購入になるのだ。他に海外の金融機関からサービスを受けたり，会社が工場の建設で外国のゼネコンを使ったりすればやはりサービスの輸入だ。また，特許使用料の支払いや外国人アーティストの日本での公演も，外国からサービスを購入しているということなのである。

　経常収支のなかの細かな項目には，貿易サービス収支のほか，**所得収支**と**移転収支**とがある。所得収支には短期間外国で働いている勤労者にその国の会社

が支払った給与が入る。この勤労者が仕事を終えて帰国した段階でお金の持ち出しがあるからだ。また，直接投資にせよ証券投資にせよ，外国にお金がストックとして留め置かれるわけだが，そのお金が生み出す毎年の報酬も所得収支になる。直接投資で工場や支店を置いているとき，そこであがった利益を本国に送金することになるし，外国の株式を買っていれば配当が，社債や預金であれば利息が毎年送金されることになるからだ。移転収支は，外国に留学している息子への送金や，政府や NPO が行う無償援助が入ってくる。

　今も述べた直接投資や証券投資など，今年新たに海外にお金を貸し出した場合，アメリカから日本に貸し出されたお金から，日本からアメリカに貸し出されたお金を引いたものが**資本収支**である。だから，借り入れのお金が多いアメリカでは資本収支は黒字に，貸し出しのお金が多い日本では資本収支が赤字ということになる。ここでも赤字や黒字の言葉に利益にまつわる善し悪しの考えは含まれていない。資本収支は経常収支と並ぶ国際収支の2大項目である。面白いのは，外国の株式を持っていて，売ったら値上がりして儲かったというときには資本収支の流入とし，値下がりして損をした場合には資本収支の流出として計上することだ。市場で値上がりや値下がりがあっても，実際に売って儲けや損が実現していないのであれば資本収支の計算には入れない。

4．国際収支の理屈はおわかりですか？

　ここまで国際収支の2大項目である経常収支と資本収支の話をしたわけだが，理屈からいえば，この2つの金額の合計は必ずゼロになるということをご理解いただけるだろうか。いいかえるならば，経常収支が黒字の国では資本収支は赤字であり，経常収支が赤字の国は資本収支が黒字であるということだ。1年を通して見れば，出ていったお金と入ってきたお金が等しくなるのである。これはたとえば政府とかが，そうなるように調整や監視を行っているからではなく，お金の持つ性質が必然的にもたらす関係である。品物を買うときにはま

ずお金がなくてはならない。手元にお金がなければ，自分の持ち物を売ってお金を手に入れ，それでもって品物を買うだろう。だから，経常収支がバランスしていればそれ以上お金の動きはないのである。だが，仮に自分が売った以上の金額の品物をどうしても買いたいとき，どうすればそれができるだろうか。もちろん，相手からお金を借りて品物を買う，または，同じことだが，掛けで品物を買うしかない。相手側から見れば，売った金額ほどに品物を買うつもりはないので，その差額を貸したことにして掛けで品物を売る以外にない。だから，経常収支にアンバランスがあるとき，ちょうどそれと同じ金額分だけの逆符号の資本収支のアンバランスもあるということなのである。

　日本は経常収支が黒字で，その分，資本収支が赤字の典型的な国である。アメリカはちょうど日本のミラーイメージになっていて，経常収支が赤字で資本収支が黒字の典型国である。アメリカはずっと前に述べたように消費大国であり，多くのお金を借り入れて自分たちが生み出す所得以上の消費をしている。これに対比的にいえば，日本は貯蓄大国であり，自分たちの所得を消費に使ってしまうことなく，余りをアメリカへ貸し出しているのだ。以上のことから，日本の多額の貿易黒字がどこか国内の金庫に蓄えられているという誤解が解消されるだろう。それらは実際には債権としてしか残っておらず，本当はアメリカの自動車工場やアメリカ政府の歳出として，外国で生きて活動しているのである。

　GDPに対する投資の割合は日本がアメリカより大きく，その意味で日本は投資大国である。しかし，貯蓄に比べると日本は投資の金額が少なく，アメリカは自国の貯蓄に比べて投資が大きい国であるということがいえる。日本の家計は消費をした残りの所得を貯蓄する。その貯蓄は金融機関を通じて国内の企業の投資の資金や国債の購入に向かうが，それでもお金が余る。そのお金が外国に貸し出されるのである。アメリカでは消費が大きいため家計の行う貯蓄が少なく，政府の使うお金や企業の投資の資金が，その貯蓄ではまかないきれない。だから，日本などからの借り入れに頼っているのである。

第12章 国のつきあいと国際収支

　実際の統計を見ると，経常収支と資本収支の金額を合計してもゼロにはならずかなりの金額差がある。これには統計上の誤差も含まれるが，最も大きな要因は**外貨準備増減**である。外貨準備というのは政府が持っている外貨建ての資産のことであり，どこの国でも通貨当局が管理している。日本でいえば，財務省の外国為替管理特別会計に入っているお金であるが，これを使って為替レートに影響を与える仕事は日銀がしているという具合だ。日銀は行き過ぎた円高を防ぐために，この会計にあるお金でドル資産を購入して円安の方向に導こうとする。これが**市場介入**である。介入をすればするほど，ドルの資産が会計内に蓄えられるが，前年度と今年度の変化分だけ日本政府のお金が外国に貸し出されたことになる。具体的な内容は金地金，政府間で通用する国際的なお金である SDR（特別引出権，Special Drawing Rights），通貨の調整役 IMF（国際通貨基金，International Monetary Fund）への預金にあたるリザーブポジション，外貨の現金や預金，外国証券であるが，日本は円高を防ごうとこれまで多くの努力を払ってきたため，これらの政府資産は増える一方である。

コラム24　国際貿易乗数

　消費性向が 0.8，輸入性向が 0.1 のとき，家計以外の支出が720億円増えたら，今年の GDP はいくら増加するか。

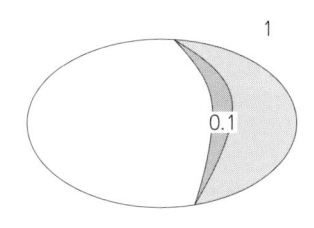

```
        1
      0.1

    0.8 : 0.2
```

　消費性向はすでにおわかりと思うが，**輸入性向**という言葉は今回初めて出てきた。これは所得の金額に対して輸入の金額がどれくらいになるかという割合のことである。所得が増えていけば暮らしが豊かになり，家計が外国製の製品を購入する量も

増えていくだろう。また，国産品を買っているつもりでも，その原材料や部品，エネルギー源で外国からの輸入を必要とすることは間違いない。これらはある時期，GDPに対して一定の割合にあると考えられ，その割合を国民の輸入性向と呼んでいるのである。

　いつものようにGDPの増加全体を1の割合と考えると，消費性向が0.8であることから家計以外の支出は0.2の割合であるように思われる。しかし，GDP全体が1増えるときにその0.1の割合だけ輸入も増えているから，家計以外でその分余計に支出していないと，そもそも国内の所得がその0.1の分だけ少なくなるようにしか生み出されなかったはずである。だから，家計以外の支出720億円は0.2と0.1を加えて0.3の割合になり，720を0.3で割って2400億円のGDP増加が見られることになる。GDPを増加させる効果は輸入性向が小さいほど大きくなることもわかるだろう。

第13章
為替レートの決まり方

1．為替取引の実際

　前章では為替を通じた他国とのお金のやり取りを説明した。だが，日本は円，アメリカはドルと国によってお金の単位が違うから，どういう割合で交換をするかの比率を決めなければ取引できないはずである。よく知られているように，現代は時々刻々，通貨間の交換比率である**為替レート**が変化していく時代である。この為替レートは誰がどうやって決めているのだろうか。

　証券とは違い外国為替には一括して取引を行う取引所は存在しない。電話を通じて取引を仲介しているのは**為替ブローカー**と呼ばれる少数の会社である。日本の外国為替を仲介する業者は主に外資系で，その数は数社に満たない。為替ブローカーはその名のとおり，自分のお金で取引をするのではなく為替の売りか買いの注文を受け，それを提示して取引相手を探している。ニュース映像でも流れることが多いが，為替ブローカーの取引は業界用語とメモが飛び交う活気のあるものだ。こうしたブローカーの扱う為替の取引単位は金額的に大きいので，注文を出す顧客は主に銀行である。したがって，ブローカーは銀行同士が取引しようとするのを円滑にすると同時に，売買を成り立たせることで為替レートを実質的に決める役目を果たすのである。

　国際的な業務を行っている大手の銀行には為替のディーリング・ルームがあり，為替ディーラーが働いている。為替ディーラーは銀行員でありながら，他

▶東京外国為替市場の相場を示すボード

経度から経度へと引き継がれる為替取引では，24時間，いずれかの国の市場が開いている。

（写真提供：共同通信社）

の行員の固いイメージとは違って相場師のスタイルを持っている人が多い。彼らは，前章で見たような国際的なお金の取引で，銀行の資産のなかで外貨と邦貨の割合にアンバランスが生じたときに，それを調整するような取引を行うのが仕事である。もちろん，ディーラーとしては，安いときにその通貨を買い，高いときに売ることで為替差益を得ることができるから，タイミングと瞬発力が勝負である。為替ディーラーはその時々の相場を見ながら，いくらのレートでどれだけ買うか，または売るかの注文を出す。ブローカー会社の社員は，他の社員の声やメモを見ながら，電話の向こうのディーラーにそれを告げ，その条件での買い手を搜す。「ダン！」という声とともに取引が成立すると初めて取引相手の銀行名が示され，為替レートが動くのである。

　各銀行は送金や貿易決済を行うなかで，コルレス銀行に外貨の預金が貯まっていったり不足していったりする。そのとき，自国の通貨に交換したり，逆に邦貨を外貨に換えて補充したりということが必要になるのである。大きなお金が動く貿易で，輸出がどんどん増えればコルレス銀行の預金が増加していくため，日本の銀行はドルを売って円を買う動きを強める。これによって円高ドル安が進んでいく。輸入の多いときは逆のことが起きるから，輸出増加は円高ドル安につながるし，輸入増加は円安ドル高になる。

　ただ，日本とアメリカの間で金利に差がある場合，もしアメリカで金利が高く日本で金利が低いならば，わざわざ円に換えて安い金利に甘んじるのは損ということになるから，コルレス銀行のドル預金を円に換えて引き出すことを控えるだろう。このように，金利が高い国と低い国があるときには，高い国の通

貨はなかなか下がらず，低い国の通貨はなかなか上がらないのである。

2．同じものを買うならどの国でも

　大人であればよく考えると間違えることはないが，1ドル110円と1ドル108円ではどちらが円高か，というときに110円の方を選んでしまう人がいる。これがお金を売買する為替レートを考えるときに混乱する点だ。普通の品物の値段であれば円の数字が多い方が「高い」からだ。実はこの場合はドルという品物を円で買うと考えれば同じだから，110円がドル高で108円がドル安だといえば混乱はない。だが，私たちは円高か円安かを問題にするので，こんがらがる人もいるのである。慣れれば間違えることはない。
　では，この為替レートの適切な水準はどこにあるのだろうか。これは答えるのがたいへん難しい質問である。なぜなら，時代とともに変化していくし，仮にその値を示したとしても日々の為替レートや1年のある時期で見れば，ずいぶん違った値になってしまうからである。だから，適切な為替レートを考えることよりは，これから円高の方向に行くのか円安の方向に行くのかを考えるのが，大切であり役にも立つのである。
　そもそも外国とのお金のやり取りの大勢を占めているのは，貿易によるやり取りである。単純な送金は貿易に比べると大きな金額ではないからだ。貿易は外国との間で品物を交換することであり，それによってどの国でも同じような多彩な消費生活を営むことができるようになっているのだ。もし，同じような品物があっても値段が大きく違っていればどうであろうか。たとえば，日本で1台150万円の自動車がアメリカで200万円しているというような場合だ。ここでは輸送費を含めても50万円の開きにはならないと考えよう。そうすると，実際がそうであったように，日本からアメリカへの輸出が急激に増えて，先に見たように為替市場で円高がどんどん進んでいく。これは日本とアメリカで自動車の値段が変わらなくなるまで進むから，為替レートの適切な水準とは，両国

の間で品物の値段に違いがなくなるような水準だということである。つまり，為替レートは両国の通貨のものを買う力，すなわち**購買力**が等しくなるように決まるということである。

ただ，生活に使われる品物は自動車だけではない。国によって品物の値段は大小の比率が違うだろうから，ある為替レートでも外国に比べて高いものもあれば安いものもある。また，多くの国が輸入品に**関税**をかけることで輸入量を減らそうとしているから，その分，外国の製品の国内価格は高くなり，その国の通貨が安くなることも防いでいることになる。輸入品に関税をかけるのは，その国の生産技術が未熟で外国製品との競争に価格的にも品質的にも負けてしまうからである。政府はその産業を国内で育成しようとして，外国製品に関税をかけたり国内メーカーを保護育成しようとしたりする。国内メーカーが十分に成長すれば，関税を外しても輸入が急増することはない。また，同じ製品でさらに生産技術をアップすれば，輸出が増加していくことになるが，輸出の継続的な増加はその国の通貨を高くすることになる。

> **コラム25　物価と為替レート**
>
> 日本では年1％で物価が下がり，アメリカでは年2％で物価が上昇しているとしよう。今年の為替レートが1ドル110円ならば，来年の為替レートはいくらになるか。
>
> 110万円　←→　1万ドル
> 1％のデフレ　　2％のインフレ
>
> 1ドル110円の為替レートで，日米でちょうど同じ値段になる品物を考えるとわかりやすい。日本で110万円，アメリカで1万ドルの軽自動車を考えよう。もっと

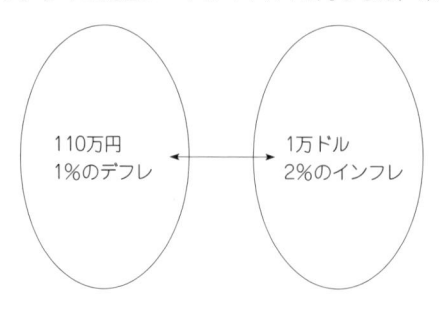

第13章　為替レートの決まり方

も，アメリカでは軽自動車という税金の優遇される制度はないが。

　1年後にこの軽自動車は，日本では0.99倍の108.9万円，アメリカでは1.02倍の1万200ドルになる。これが再び同じ値段になるように為替レートが変化すれば，1ドル106円76銭が来年の為替レートである。

　具体的な品物を考えなくても，1年で物価の差が3％開くとして，110円に0.97を掛けてもほぼ同じ為替レート，1ドル106円70銭を求めることができる。

3．金利と先物レート

　私たちが銀行で外貨を売ったり買ったりするときには，為替市場で決まる相場でそのままできるわけではない。銀行は私たちに代わって外貨の取引をまとめてやってくれているという考え方から，手数料を徴収するからだ。その日の午前中の為替レートが銀行の対顧客取引の基準となり**仲値**と呼ばれている。だが，銀行が私たちに外貨を売る場合は，通常1円高い**TTS**（Telegraphic Transfer Selling）が，私たちから外貨を買う場合は通常1円安い**TTB**（Telegraphic Transfer Buying）が使われるのである。だから，円を外貨に換えて預け，円に換えて引き出す定期預金である**外貨預金**では，この例では1ドルにつき往復2円の手数料がかかるということである。

　これらのレートはすべて，今その相場で為替を売買するものだから**現物レート**と呼ばれる。これに対して，たとえば3カ月後の為替取引を予約することができ，このときに使われる相場を**先物レート**と呼んでいる。

　為替先物取引もまた取引所を持たない取引であり，しかも為替ブローカーを介さず，銀行と顧客企業との間で契約が結ばれる。ある企業が3カ月後に送金をするとか，送金を受ける予定がある場合，そのときに銀行で引き出そうとすると為替レートが今と変わってしまうのが普通だから，円で計っていくらの支出や収入になるかがわからない。この不安定さが**為替リスク**と呼ばれるものだ。

だから，為替リスクをこうむる恐れのある企業は銀行との間で為替先物の契約を結ぶ。たとえば，ある輸出企業から銀行に，3カ月先に100万ドルを売りたいという注文が入ったとしよう。すると銀行は100万ドルをアメリカの銀行から借りて為替市場で売ってしまう。こうしておいて，3カ月後，100万ドルを輸出企業から受け取ったあとで返済するのである。こうしておけば，銀行は3カ月後に100万ドルと交換で渡す円を，すでに現在のレートで入手していることになり，為替リスクを負わなくてすむのだ。銀行が行うこの操作を**為替スワップ**という。

　この為替先物取引もアメリカでは一部が取引所で行われており，特に**フューチャーズ**と呼ばれる。シカゴのマーカンタイル取引所内にある国際通貨市場とニューヨークのボード・オブ・トレード内の**FINEX**（Financial Instrument Exchange）が有名な市場だ。ただし，フューチャーズでは，**差額決済**といって，先物で円を売った場合，たとえば3カ月後に現物で買ったときにどれだけドルで儲かったか，損をしたか，という差額だけを清算する。これらの市場では，逆に円を先物で買っている人がいるはずであり，3カ月で円高になっていれば，この人は買った円を現物で売ればドルで儲かるはずだから，相手からその差額分を受け取れるのである。

　ただ，輸出企業が100万ドルを手に入れたとき，契約の先物レートよりも円安になっていて，契約を泣く泣く履行するという場合もあるだろう。こうしたことを避けるために行われるのがオプション契約である。**為替オプション**の場合，輸出企業は3カ月後の現物レートが先物契約よりも有利であれば100万ドルを売る権利を放棄できる。このメリットの分だけ，オプション契約の場合には輸出企業が銀行に一定のオプション料を払っておくのである。オプション料はオプション・プレミアムとも呼ばれる。

　個人が為替取引をするという場合，実際に行っているのは**外国為替証拠金取引**というものである。外国為替証拠金取引では，商品先物取引業者や証券会社などが実際の取引額の数分の一程度の証拠金を個人から預かって取引をし，そ

の儲けを顧客に還元したり損を証拠金で埋めたりする。だから，顧客にとっては少ない資金で大きなお金を動かす**レバレッジ効果**があり，利益が大きいときもあれば損失が大きいときもある。換金手数料は一般に外貨預金より安い。損失が証拠金の半分を超えると**追い証**といって追加の証拠金の振込みが求められ，応じなければ損が確定する。また，顧客は円安での儲けを狙ってドル買いから入ることも，円高での儲けを狙ってドル売りから入ることもできる。

このような自由な取引ができるのは，証拠金取引が個人と業者との間の取引であるためである。業者は実際には銀行に顧客から預かった証拠金を預けて円やドルを借り，これを使った為替取引を行っている。

4．経済政策の効果と為替レート

為替レートの変化を考えた場合，経済全体についても今までとは違った考え方や判断をしなければならないところが出てくる。たとえば，企業の事業拡張のための投資や輸出が増加すれば景気がよくなるのであるが，このときに金利が大きく上がってしまえば為替レートが円高にぶれることになる。円高は輸入を増やして輸出を減らすように働くため，景気が好転するのを抑制するであろう。為替レートが変動していく現代においては，金利がどの程度上がるかが，為替レートを通じて景気の動向に大きな影響を与えるというのは重要な視点である。

このため，政府の行う財政政策の効果にも修正を加えておかなくてはならない。政府は減税をすることや財政支出を増やすことで，停滞している景気を回復の方向に持っていくことができるのであった。だが，この過程で金利が上昇すれば，それが為替レートの面で円高圧力になる。円高は輸出を抑制して景気回復に冷や水を浴びせるので，財政政策単独の効果はあまり大きくないのである。

その分，中央銀行の行う金融政策への期待は大きくなる。中央銀行が景気回

復のためにマネーサプライを拡大するような緩和政策を取れば，金利が低下したり低位に抑制されたりするので円安を促進することになる。金利の低下が投資を増加させる効果に加えて，為替レートが円安に動くことで輸出が増えることになるから，金融政策が経済に与える影響はいやがうえにも大きい。

　以上は日本銀行が国内の景気回復を図る政策の話だったが，日銀の仕事としては為替レートに直接影響を与える市場介入もあるのであった。外国為替管理特別会計を使って行われるこの政策は，円高を阻止するための円売りドル買いによって会計内の外貨準備を大いに貯めることになる。アメリカではドルの為替レートについて日本ほど深刻な受け止め方をしていないのでFedによる市場介入がほとんどないのと対照的である。むしろ，大統領や閣僚，Fed議長による意図的な発言で相場を動かす「口先介入」の方が多い。

　日銀が市場介入をしたとき，民間の銀行は円の買い手になるから国内の円預金がこれによって増加することになる。これは日本のマネーサプライの増加になり，それ自体も景気を浮揚させる働きを持つ。ただ，通常時，純粋に為替レートを動かす目的だけで介入を行うのであれば，マネーサプライの増加を抑えるために円売りに相当する円資金を市場から引き上げる政策をすればよい。これが**不胎化政策**と呼ばれるもので，為替市場への介入がマネーサプライ増加の副産物を生まないようにするというくらいの意味だ。これをせず，意図的にマネーサプライ増加を放置することを**非不胎化政策**と呼ぶ。否定の接頭辞が2つも付いた変な日本語だが，もともと不胎化政策があるのだから仕方がない。

コラム26　現先スプレッド

　日本の金利が2％，アメリカの金利が4％であった。為替の現物レートが1ドル110円のとき，1年後についての先物レートはいくらになるか。

第13章　為替レートの決まり方

```
    ( 110万円 )  <-->  ( 1万ドル )
    ( 金利2%  )        ( 金利4%  )
```

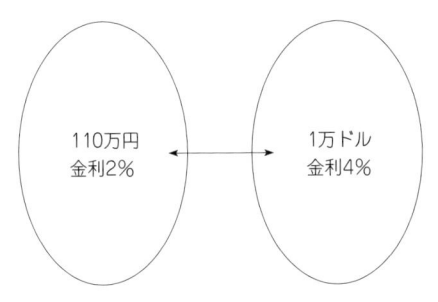

　すでに見たように，銀行が顧客企業と為替先物の契約を結ぶ場合，先物レートを決めなければならない。先物レートは銀行が任意に決めるのではなく，現物レートをもとにして規則的に決まることになる。そして，決まった先物レートと現物レートの差を**現先スプレッド**と呼んでいる。

　たとえば，輸出企業が3カ月後のドル売りを申し出たとき，銀行はその金額のドルをアメリカの銀行から借りて売り，即座に円に換えてしまうのであった。両国の金利が同じであれば損はないが，もし日本よりもアメリカの方が高金利だと，銀行がアメリカに払う3カ月分の金利よりも日本で得る3カ月分の金利が安いという**逆鞘**が生じてしまう。だから，銀行はその分を先物レートでカバーするように輸出企業と契約するのである。

　この計算では，同じお金を日本とアメリカで運用したときに同じ結果になるように，先物レートが決まると考えるとよい。現在のレートで1万ドルは110万円だから，1万ドルに1.04をかけた金額と110万円に1.02をかけた金額が同じくなるような為替レートを求める。1.04万ドルで112.2万円を割ると，その為替レートは107円88銭である。

　ほぼ同じ結果は，日米の金利差2％にもとの為替レートを掛けた2円20銭が現先スプレッドとして求められ，これを110円から引いて求めることができる。

　なお，外国為替証拠金取引でも同じような金利の調整が発生するが，ドル買いから始めたときはスプレッド分の金利を受け取れるのに対し，ドル売りから入るとスプレッド分の金利を支払う必要が出てくる。

第 14 章
物価は経済の体温

1．物価って何？

　私たちはしばしば**物価**が高いとか，物価が安いとか口にするが，物価とは一体なんだろうか。もちろん，それは品物の値段のことだが，世の中には無数といっていいほどたくさんの品物があるし，自動車やパソコンには，それぞれのなかにいろいろな値段の違いがある。また，野菜やお肉は場所によっても時期によっても値段が違う。それらを一まとめにした物価というものは，具体的に考えれば考えるほど，実際にはよくわからない。

　私たちはこの本の最初で，経済の大きさが GDP で表されることを学んだ。そして，GDP が大きいほど経済は大きく，所得がたくさん生み出されて生活が豊かであるということなのだった。だが，GDP は 1 年間に，日本国内で，あるいはアメリカ国内で作り出された付加価値または所得の合計だから，当然金額で表される。自動車という製品の付加価値額を考えれば，それは 1 台あたりの値段に台数を掛け合せたものである。ただ，このことは場合によって困った事態を引き起こす原因にもなる。というのも，仮に自動車の生産台数が変わらなくても，自動車 1 台あたりの値段が 1.2 倍になれば，それだけで付加価値額は 20％も増えるからである。確かに金額は増えている。しかし，それは水ぶくれのようなもので，正味の生産台数は全然変わっていない。だから，一つ一つの製品の値段と生産高を掛け合わせて合計した GDP も，その金額だけの大

きさを見ていたのでは見当を誤ってしまう場合があるのである。

　物価が1年を通して上がっていくことをインフレーション（インフレ）と呼んでいる。インフレのときは，GDPが水ぶくれして膨らんでいくので，見た目ほどには働きがよくなったわけでもないし，暮らしも豊かにならない。逆に，1年を通じて物価が下がっていくのがデフレーション（デフレ）である。この場合は見た目の金額は増えていなくても，実際の稼ぎはよくなっているし，暮らしも多少改善されていると一応はいえるのである。

　これまで私たちが見てきたGDPは，物価の変化を考慮して調整を加えるなどのことをしてこなかったことから，見た目のGDPという意味で**名目GDP**と呼ばれるものだ。経済では，実際に目にする金額や率を「名目」何とかと呼ぶ。名目というと，仮の，といった感じで軽々しいが，要は物価を考慮した正味の金額や率になっていません，ということだ。これに対して，名目値に修正を加えて，なんとか正味の値にしようと試みたものを「実質」何とかと呼ぶ。GDPの場合は**実質GDP**である。だから，本来は実質値で議論をするのが正しいということだが，なんせ，実質値は計算によって生の値を修正した結果である。その計算は人工的なものであるし，私たちにとって見た目の値の方がどうしてもインパクトが強いことから，政府や日銀の発表する実質値には，たいがい多少の胡散臭さがつきまとうのである。

　それでは，実質GDPはどうやって計算するのだろう。物価が変化している

▶**家電量販店の店頭**

メーカーのコスト削減努力や量販店相互の競争激化で，家電製品の価格低下は著しい。

（写真提供：共同通信社）

のだから，その変化を反映しない正味の価格を使えばよいと思うかもしれないが，品物にはこれが適正価格という絶対水準が存在しない。物価が高くなっていても，所得の金額が上がれば，別に暮らし向きに変化があるわけではないからだ。だから，実質 GDP が必要なのは，今年を別の年と比較してどうであるかを見るためだということである。

　実質 GDP も含めて一般に物価を考えるときには，こうして**基準年**を決めてそれに比べてどうかという考え方をする。基準年に対して，実質 GDP がどうなっているかを考える年のことを**比較年**という。今年の実質 GDP を考えているのだったら，今年が比較年だ。あえていえば，通常の名目 GDP は比較年の製品価格に比較年の製品の生産量を掛け合せたものである。これと区別される実質 GDP は，比較年の製品の生産量に掛け合わせるのに，その年ではなく基準年の製品価格を掛け合わせるということである。

　インフレの時代には比較年で基準年より製品価格が高いから，実質 GDP は名目 GDP より小さい金額になる。逆に，デフレの時代には比較年で基準年より製品価格が低いから，実質 GDP が名目 GDP より大きくなる。いずれにしても，物価が数年にわたってぴったりと安定していることは考えにくいから，名目 GDP と実質 GDP は金額的に異なるのである。本来，正味の GDP とされる実質 GDP に対して，名目 GDP がどれくらいの割合であるのかを **GDP デフレーター**と呼ぶ。だから，インフレの時代は GDP デフレーターが１より大きい値になり，デフレの時代には１より小さい値になるということだ。

　デフレーターの呼び名は物価上昇の影響を除去するというくらいの意味だが，それくらい多くの国の経済はインフレに悩まされてきた。近年の日本のデフレは，それだけ珍しい事態といえるのである。

２．物価指数の考え方

　多くの皆さんは，物価を表す数字として GDP デフレーターにあまり馴染み

を持っていないと思う。なんといっても物価という言葉で思い出すのは，ニュースなどでも耳にする消費者物価指数であろう。そもそも物価指数は，目的に応じた何種類かの品目を選んでそれを数量で平均したものを，基準年を100として表したものだ。基準を100とした表現を指数という。アメリカも同じ呼ばれ方をするので CPI（Consumer Price Index）とも表現する。

　消費者物価指数は，消費者が購入する品物やサービスの価格変化をとらえるための指数であり，その分，私たちが生活のなかで実感する物価というものをいちばんよく表現する数字といえよう。消費者物価指数を計算するためには，普通の消費者がどんな品物をどれだけ購入しているかを決めなければならないが，これも時代とともに変化してきた。また，消費者が購入するものはすべてこの指数の計算には含まれるから，輸入された製品の価格も大きく影響する。国産車だけでなく外車の価格も入ってくるし，100円ショップでの輸入品の価格も影響する。GDPデフレーターが，国内製品の価格だけを反映するのとははっきりした違いだ。

　消費者物価指数でも，基準年を決めてそれとの関係で比較年の指数を出しているが，計算の上でのGDPデフレーターとの決定的な違いは，消費者の購入量を基準年のそれで算出しているところだ。日本の場合，西暦で5の倍数の年を基準年にして消費者物価指数を計算するが，これは消費者のいろいろな品物の購入量が5年ではそれほど変化しないだろうと仮定して物価を計算しているということである。そうするいちばんの理由は，いろいろなものの価格を平均するときに使う重みを5年間変えなくても済んでらくちんだということだが，このことで起こる問題もある。

　たとえば，価格が下がれば消費者は品物の購入量を増やすだろうが，消費者物価指数にはこの変化は反映されない。だから，IT関連機器のように価格が急激に下がって購入量が増えた品目は，実際よりも指数に反映されなくなってしまう。逆に，値段が上がった品物の購入は差し控えるだろうが，このことも指数には反映されない。したがって，消費者物価指数は，インフレのときには

物価の上昇を過大評価し，デフレのときに物価の下落を過少評価してしまいがちである。

じゃあ，消費者物価指数でも，GDPデフレーターと同じように，毎年毎年，その年の購入量で計算すればすべて解決かといえばそうでもないのである。なぜなら，物価が上がったときに，人々がものをあまり買えなくなったとすれば，現在のやり方の方が物価指数は大きく出る。つまり，インフレが生活に与えるダメージを示すには，現在の方法がよいのである。

ニュースではあまり馴染みがないかもしれないが，企業の生産段階での物価を表す指数が**企業物価指数**である。略称は**CGPI**（Corporate Goods Price Index）だ。日本では長いこと，生産段階での品物の価格を卸売業者のデータを調べることで出していたため，明治時代以来，**WPI**（Wholesale Price Index），すなわち，卸売物価指数の名で呼ばれてきたものである。だが，ごく近年，企業物価指数と呼ばれるようになった。生産者からの直接の価格調査が増えたためだ。ちなみに，アメリカでは生産者物価指数，すなわち，**PPI**（Producer Price Index）と呼ばれている。企業物価指数の計算品目には，出荷段階での製品価格だけでなく数多くの原材料や製造機械も含まれていることが特徴である。

コラム27　GDPデフレーターの計算

製品がパソコンとラーメンしかない次の表のような架空の経済で，GDPデフレーターを計算しなさい。

	基準年	比較年
パソコン	10万円×100万台	8万円×110万台
ラーメン	200円×10億食	150円×12億食

比較年の名目GDPは，表の製品生産額をそのままタテに足し合わせればよいから，パソコン880億円にラーメン1800億円を加えて2680億円である。一方，実質GDPは，比較年の生産量はそのままに，基準年の価格を掛け合わせるから，パソ

> コン1100億円にラーメン2400億円を加えて3500億円になる。
> 名目GDPを実質GDPで割ったものがGDPデフレーターだから，0.77がその値だ。したがって，GDPデフレーターは，比較年の生産量で価格を平均した一種の物価指数にもなっている。

3．インフレとデフレのメカニズム

　たとえ，インフレになって品物の価格が継続して上がっていても，同じ割合だけ所得が増えれば，生活には困らない。スーパーの値札の数字が増えたり，財布のなかにいれておかなければならない金額が増えるだけで，正味何も困らないのである。逆に，デフレになって物価が下がっていても，給料が同じだけ下がれば，人々はものを買う量を増やそうとは思わない。物価が下がって生活がよくなることもないのである。

　このように，企業も家計もインフレ，デフレそれぞれの時代には，それに合わせた生活や値段のつけ方をするから，一度インフレが始まるとそれは継続する傾向があるし，デフレもなかなか収まらないということである。

　だから，インフレやデフレの対策は，物価の変化をできるだけ引き起こさないということであるのだが，これがなかなか難しい。いってみれば，物価はそれ自体が経済の活動状況を表す体温のようなもので，変化していく経済にとってどうしても物価の変化は付き物なのである。人間が運動をして代謝が活発になれば体温が上がっていくように，経済でも景気がよいときにはインフレが起こる傾向がある。しかし，ものには限度がある。人間も病気で体温が上がりすぎると脳が冒されて死んでしまうように，過度のインフレは経済の神経系統を破壊して大混乱を引き起こす。

　反対に，景気の停滞が続くとデフレが起こる場合がある。人間でも，活動が落ちていけば体温が下がって，そのまま放置すれば低体温症で死に至ることも

第14章　物価は経済の体温

ある。経済も似たようなものだ。

　ではなぜ，景気がよいときにはインフレが始まりがちなのであろうか。それは，景気の上昇で人々が消費を増やすし，企業もそれを見越して投資を増やすからである。だが，製品や機械，原材料などの販売が増えていくほどには生産を急に増やすことができない。なぜなら，既存の工場の規模や従業員の数は，短い時間で増やすわけにはいかないからだ。勢い，好景気時には品物は品薄になるし，人手不足も発生する。人々は欲しい品物をなんとか手に入れようとして値段を吊り上げるし，人手の確保で給料も上がるから，物価上昇が始まってしまうのである。

　不景気とデフレについても同様に考えればよい。景気の下降は人々の消費を減らし，企業もそれに合わせて投資を減らしていく。このため，品物が売れなくなるが，会社としては，従業員を解雇したり工場の操業を縮小したりすることに抵抗があるから，価格の引き下げで販売量を確保しようとする。このことが物価下落を引き起こすのである。

　もっとも，不景気で物価が上昇するという場合もかつてあった。これは原油などの輸入原料やエネルギー源の値上がりに起因するものである。輸入額の急増はGDPを縮小させるが，会社は生産にかかる費用の増加を製品の価格アップでなんとかしようとする。こうして物価上昇が起こるが，従業員も生活防衛のために給料の引き上げを要求して，不景気下でのインフレになるのである。

　好景気がインフレにつながらないようにするのも中央銀行の役目だ。物価の安定は，どこの国でも中央銀行の勲章である。好景気がインフレの懸念を引き起こしたとき，中央銀行は金融引締めによってマネーサプライを減らし，インフレを防ごうとする。お金そのものが少なくなれば，人々は品物を買う手段に少し乏しくなって，価格の上昇が抑えられるのである。

　いったん始まってしまったインフレを静めるのにも金融引締めは有効であるが，これは高速で走行中の自動車に急ブレーキをかけるようなものだから，インフレが静まるだけでなく，金回りが悪くなって不景気になることが多い。予

防が重要なのだ。

　デフレ懸念があるときも，いち早く金融緩和をすることで，景気の停滞が長期化しないようにする必要がある。デフレがひとたび始まれば，これを金融緩和でストップするのは至難の業である。なぜなら，マネーサプライが増加しても，人々はものを買う意欲を失っているのだから，お金を使う回数を減らしていくからである。お金そのものの出動回数を**貨幣の流通速度**と呼ぶが，デフレは流通速度の低下を伴っていることが多いのである。

4．物価変動と金利の関係

　インフレやデフレというのは，物価が高値安定，低値安定をしているのではなく，1年を通して上がり続けたり下がり続けたりしていることだ。これが止まってしまえば，どのような水準であっても，ただちに問題ではなくなる。

　前章で見た為替レートについても，インフレは円安をもたらし，デフレは円高につながるが，物価の変動が止まってしまえば，企業は新しい為替レートの水準に合わせることができる。だから結局，物価の問題は，水準ではなくて変化の問題だということである。

　物価の変化を反対側から見れば，それはお金の価値が物価とは逆方向に変化しているということである。インフレの時代にはお金の価値は年々下がっていく。同じ金額であれば，実際に物を買うときの使い出がどんどん減っていくということである。だから，インフレのときに金額の変わらないものを後生大事に持っておくことは，それだけで損になる。逆がデフレであり，お金の価値は年々上がっていく。同じ金額で，見た目には増えないようでも，実際に使ったときの使い出は増えていっているのである。

　もし，手元にお金があれば，それを自由に使って損のないようにすることもできるかもしれないが，人にお金を貸して債権だけを持っているときには，ある時間の後に帰ってくる金額は変化しない。だから，物価が変化している時期

には，お金を貸していることは状況によって得だったり損だったりする。すでにお金が貸出されていている場合，インフレは債務者に有利に働く。3年後に返済する金額は変わらないが，金額で見た実入りは年々多くなっていくので，債務の負担は軽くなるからだ。逆にデフレの状況は債務者にとって深刻である。3年後に返さなければならない金額は減らないのに，実入りが金額的に年々減るからである。デフレ下で破綻する企業が増えるのもこれが理由だ。

したがって，すでにインフレやデフレが進行しているという状況で新たにお金を貸出す場合，債務者と反対に債権者が有利，または不利になる割合だけ金利を上乗せする必要がある。この上乗せ幅はインフレのスピードやデフレのスピードに等しいものになるはずだ。たとえば，物価が1年間に3％上昇しているときには，物価が安定しているときに比べて金利も3％だけ高い。また，物価が1年間に1％下がっているときには，物価が安定しているときに比べて金利も1％だけ低い。

GDPと同じく，見た目の金利を**名目金利**というのに対して，インフレのときには物価上昇の割合を引き，デフレのときには物価下落の割合を足した金利を**実質金利**という。これは，同じ人にお金を貸すとき，物価が安定していればどれだけの金利だったかを表していると同時に，債務者が実際に負う負担の大きさも示している。

コラム28　実質経済成長率と名目経済成長率

　製品が米だけの架空の経済で，米の生産量が昨年の500万トンから今年の510万トンに増加する一方，米1トンの値段が80万円から78万円に下がった。実質経済成長率と名目経済成長率はいくらか。

500万トン　　80万円
→510万トン　→78万円

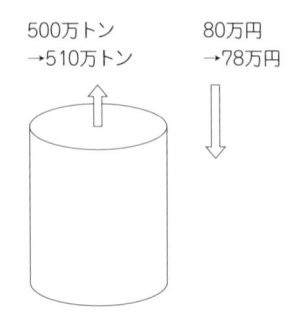

　GDPの大きさや金利と同じく，経済成長率にも名目値と実質値がある。

　例の経済では，昨年のGDPが4兆円で今年のGDPが3兆9780億円だから，名目経済成長率は−0.55％というマイナスの値になる。名目値で見ると経済は縮小している。しかし，物価の変化を無視して米の生産がどれだけ増えたかという実質経済成長率は2％であり，名目値と実質値の差は物価の下落を表している。

　実際，物価は80万円から2万円下がっているので下落率は2.5％であり，実質経済成長率からデフレの率を引いた値は，名目経済成長率にほぼ等しい。

第15章
これからどうなる！
―― 経済成長と景気

１．経済成長と金利

　前章で見たように，インフレ率や経済成長率は，状態ではなく経済の動きを示すものであった。そして，それは金利と密接な関係を持っていたのである。ということは，金利自体も何か経済の動くスピードを示しているのではないかと考えられる。

　実際，**新発10年物国債利回り**で代表される長期金利は，日本経済の長い目で見た成長率に等しいと考えられる。その理由は次のとおりだ。経済が成長すれば，所得という意味でのお金も国民全体で成長率分だけ大きくなる。だから，今年100万円貸す人は１年後には成長率分のお金を増やして受け取るのを当然と考えるだろう。同時に，お金を借りている人も，所得が経済の成長率分増えているから，それを借りた100万円に上乗せして返すことが可能だ。

　だから，国債利回りが1.5％であれば，日本経済の名目成長率は当面1.5％と予想される。また，今年の物価が0.5％で低下しそうであれば，実質金利は２％になるから当面の実質経済成長率も２％になるだろうということなのである。つまりは，名目金利は名目経済成長率に対応し，実質金利は実質経済成長率に対応していることになる。

　実質経済成長率は，私たちの生活が正味でどれだけ豊かになるかも示しているはずであった。だが，手取りは年々減り，生活は苦しくなっているといわれ

る方もいるだろう。その背景には，日本で少子高齢化が進んでいることがある。子どもが少なくなっていることで，これからますます，所得を作り出す働き手の数は少なくなっていく。その一方，高齢者の数は増していくから，退職した人々の生活を支える社会保障費や税金の負担を，働き手の世代が今年の所得の一部を割いて負うことが必要なのだ。

　生活の改善や医療の進歩によって，私たちの**平均余命**が伸びていくことはもちろん喜ばしいことだ。だから，少子高齢化の本当の原因は，子どもがあまり生まれなくなっていることにある。アメリカでは少子高齢化の懸念はないが，それはアメリカが移民の国で毎年多くの若い人が入ってくるからではなく，子どもの生まれる数が減っていないからだ。そして，子どもの生まれる数には経済の要因が大きく絡んでいる。

　豊かな人々よりも貧しい人々のほうが，どうしても子どもをたくさん作る傾向がある。これは子どもの稼ぎによって大家族の生活費をまかなう必要があるからだ。世帯が大きければ家族が多くなって，それぞれが少しずつの所得を得てくる割には，全体の生活費は増えない。また，社会保障制度の整備や年金の拡充がない場合，老後の生活を子どもに依存する割合も大きい。貧富の差が大きくて日本ほど老後の公的保障のないアメリカでは，どうしても子どもを作る必要があるのである。

　これに対して日本では，戦後の急速な経済成長と年金制度の整備が，子どもを作る必要を小さくした。同時に，ここ20年程度で伝統的な家族の価値観が急激に崩壊していることも相まって，現在の日本では出生率が目に見えて低下しているのである。私たちは，豊かさと引き換えに少子高齢化に伴う負担を負っているといっていいのかもしれない。

2．経済成長をもたらすもの

　それでは，長期金利に反映される，その国の長い目で見た成長率を決めてい

るのはどんな要因だろうか。そもそも経済の大きさであるGDPは，私たち一人ひとりの国民が働くことで作り出されるのだった。だから，働き手の側に実際の経済成長率を決める鍵がありそうである。

まず考えられるのが，働き手の人数の増え方，つまり**労働人口成長率**だ。だが，これだけではない。働き手一人ひとりが稼ぎ出す所得が増えれば，GDPは大きくなる。これが**労働生産性上昇率**である。これら2つを足し合わせたものを**自然成長率**と呼んでいて，その国のこれらからの経済成長率を表しているとされる。発展途中の途上国で経済成長が早いのは，労働生産性が高まっていることもあるが，後進国では人口増加のスピードが速く労働人口成長率が大きいからであることが多い。それだけでいえば，日本の労働人口成長率はこれから横ばいからマイナスになっていくので，経済は全体として小さくなっていかざるをえない。それでもこれからの日本でプラスの経済成長が期待されているのは，労働生産性が上昇していくと考えられているからである。

極端な話，労働生産性がまったく変化せず，労働人口の成長だけで経済成長が支えられていれば，働き手一人ひとりの所得は年々変化せず，国民の暮らし向きがよくなることもない。逆に，労働人口が増えないどころか減ったとしても，労働生産性が上昇していけば，働き手一人あたりの所得は増えていくということだ。日本では，少子高齢化で増えていく高齢者の生活も現役の働き手が支えなくてはならなくなるので，それに耐えられるかどうかの分かれ目は，労働生産性をどれだけ上昇させることができるかにある。

それでは労働生産性はどのようにすれば高めていけるのだろう。まず，一つの方法は，一人ひとりの働き手が，勤労中に多くの機械や設備を使うということである。営業で外回りをしている人が，これまでは徒歩だったのを自動車で回るようにすれば成果が上がる。工場でも，より多くの設備を導入して機械化を進めていけば，従業員一人ひとりの生産額は増えていくだろう。機械化は省力化とすぐに結びつくので，解雇につながるイメージから労働組合は反対しがちだが，少し長い目で見れば，人々の生産性を高めて所得を増やす効果がある

のである。もっとも，これまで使っていた設備が金額的に一人あたり2倍に増えたからといって，おそらく生産性は2倍にまでは増えまい。ただ，機械化の進捗度と生産性の上がり方は並行して進むのである。

　同じ機械を使っていても，勤労者の熟練によって生産性が上がっていくことがある。また，設備の配置の仕方を変えるだけで能率が上がることも珍しくない。ホワイトカラーが，情報の使い方やコミュニケーションの取り方について新しい技術を身につければ，会社の仕事が効率的になって成果が上がっていくだろう。このように，人間の能力にはまだまだ開発の余地があって，働き手一人あたりの資本額が変わらなくても労働生産性が上昇することも多いのである。こうしたことは政府が規制緩和や法律の改正を行うことで促進される傾向があり，すべてまとめて**全要素生産性**と呼ばれている。

　このように，一人あたり資本額の増え方と全要素生産性の上昇で決まる労働生産性上昇率と労働人口成長率が，その国の経済動向を決める究極の要因である。先進国では主に前者が，途上国では主に後者が鍵になることはいうまでもなかろう。

コラム29　恒常所得とは？

　ある年の恒常所得は，その年，その前年，前々年の所得をそれぞれ，0.5, 0.3, 0.2で平均したものであるとする。最近4年の所得は，480兆円，470兆円，460兆円，455兆円であった。恒常所得に対する消費性向が0.8であるとき，今年の消費の割合はいくらになるか。

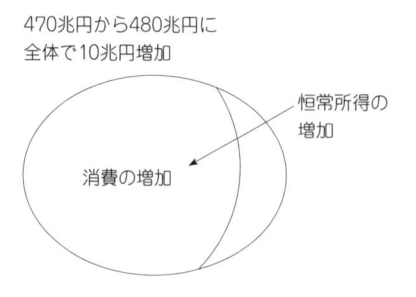

470兆円から480兆円に
全体で10兆円増加

恒常所得の増加

消費の増加

人々は毎年の所得の変動ほどには消費額を変化させないことから，どうも長い目で見ての所得に合わせて，年々の消費額を決めていそうである。過去の所得から推測される，平均的に得られそうな所得額を**恒常所得**と呼んでいる。

ここでの例では，今年と昨年の恒常所得はそれぞれ，240＋141＋92 で473兆円，および，235＋138＋91 で464兆円である。したがって，消費額はその0.8の割合である378.4兆円と371.2兆円になり，今年の消費の増加は7.2兆円だ。一方，今年の所得の増加幅は10兆円だから，ここから得られる消費性向は 0.72 である。

3．景気の変動はなぜ生じる？

以前に，経済が安定して成長するための成長率の話をした。それは貯蓄性向を**資本係数**で割って求められるものだったから，貯蓄性向が0.2，資本係数が5ならば4％になることがわかる。これを**保証成長率**と呼んでいる。保証成長率も決して不変ではなく，たとえば日本人の貯蓄性向が下がれば日本の保証成長率は低くなっていくし，アメリカで一層資本の蓄積が進んで，同じ GDP を生み出すのにたくさんの建物や設備が必要になれば，アメリカの保証成長率は低くなる。先に見た自然成長率でも，労働生産性上昇率は労働人口の増加に対する資本蓄積のスピードや技術や制度の変化などに影響を受けるのであった。だから，保証成長率と自然成長率は，時代時代によって相互の大小は変化し，必ずどちらが高くてどちらが低いとはいえないだろう。さらに，一致していることは少ないかもしれないが，ちょうど2本の紐が縒り合うように，大局的に見れば重なり合って進んでいくと考えられる。

長期的な経済成長の見通しが自然成長率で与えられるのと対照的に，好景気や不景気という景気の変動は，保証成長率と密接な関係を持っている。これは景気の良し悪しが究極的に企業の投資判断で決まる一方，保証成長率こそ，この投資判断が安定しているための条件であったからである。だが，ある年，企

業の投資の増加率に等しい実際の経済成長率が，保証成長率と同じかどうかはそれこそ保証の限りではないため，資本，すなわち工場や機械に遊びが生じて企業の投資判断が弱気に転じて不景気になったり，設備に不足が生じることで企業の投資判断が強気に転じて好景気になったりするのである。

　保証成長率よりも実際の成長率が高いと，企業は投資の増加率を前年に比べて高め，景気が過熱していくのであった。投資額は5％，6％と年々スピードを上げながら増加し，経済成長率も5％，6％と年々スピードアップしていく。これが好景気だ。だが，1年に大量の投資をしようとすると，土地や資材の不足によって投資のコストがかさんでいくことになる。コストがかさむと，その投資から得られるキャッシュフローの見込みが魅力的でなくなるので，いくつかの投資計画が放棄されることになるだろう。こうして，好景気が進行するとともに徐々に投資の増加率は落ちていかざるをえない。やがて，投資額の増加率が，たとえば保証成長率の4％を割り込んだ途端，景気の局面は転換する。

　投資のスピードが保証成長率を割り込めば，今度は景気後退が始まる。年々，工場の稼働率も低下していくことが目に見えてわかるから，企業は投資の増加率を3％，2％と下げていく。これとともに経済成長率も3％，2％と下がっていくのである。不景気の状況だ。だが，不景気が続くなかで，企業は長い目で見たらどうなるかを考える。成長していく経済のなかで，企業が投資をしなければ，業界での自社のシェアが落ちていくことはわかりきっている。だから，どの企業も投資の額を前年並みにするのはまれであるし，まして前年比でマイナスにすることはめったにない。前年比マイナスになれば，経済全体もマイナス成長になる。企業が全体として前年と同じ投資額にとどめれば，ゼロ成長である。

　そして，減価償却した設備の更新や新技術，新製品の導入のために，数多くの企業で投資額が増加する時期が来れば，投資の増加率も徐々に回復していき，それが保証成長率を超えた段階で，設備の不足が起こる。こうして，再び経済は好景気に入っていくのである。

第15章　これからどうなる！

このように，景気の変動は経済で不可避に起こることではあるが，必ず好景気には不景気が続き，不景気の後にはやがては好景気が来ることになる。景気は循環するものなのだ。

4．景気は誰が判定する？

景気はこのように，要するに経済が拡大するスピードの問題である。その年1年が終わってGDPが計算されれば，前年と比べて経済成長率がどれだけであったかがわかるから，振り返って景気の良し悪しもわかるのである。しかし，経済は大きいから，1年の途中，その渦中にいる限り，景気の判断はなかなかしにくい。会社の売上げが思ったほどでなくても，それは自社だけの事情かもしれないし，業界の問題かもしれない。わが家の稼ぎはあまり奮わなくても他所では大いに儲けているかもしれない。景気の半分は「気」のせい，といってもまんざら冗談でないくらい，判断しにくいものなのである。そこで，どこの国でも景気の状況を表す指標が設けられている。この景気指標は，あらためて振り返ったとき，景気の山や谷を判断するのにも使われる。

日本では，内閣府が**景気動向指数**を毎月発表している。DI（Diffusion Index）とも呼ばれる景気動向指数は，景気が上向きか下向きかを総合的に示す指標であり，0と100の間の数字になるが境目は50である。簡単にいって，50を超えれば景気がよく，50を下回れば景気が悪い。この指数は，景気に敏感に

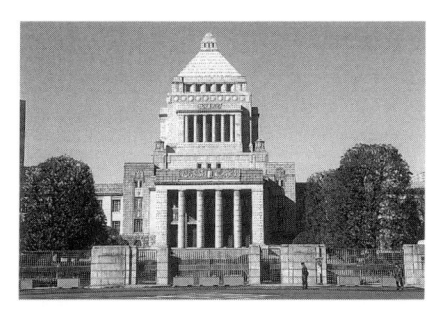

▶**国会議事堂**

国内の景気動向や経済政策の適否も，国会での論戦を方向づける最重要のポイントだ。

（写真提供：共同通信社）

反応するものとして選ばれた，経済に関する数値について，3カ月前に比べて改善しているものが全体に占める割合，という実に簡単な決め方をする。3カ月前と比べて変化していないものは，0.5個の扱いでプラスのほうに加えることになっている。

これらの数値は，在庫や家計消費などの**遅行系列**，生産や営業利益などの**一致系列**，新規求人数などの**先行系列**の3つに分けられる。3系列にはそれぞれ10個程度の数値があり，それぞれからDIが求められるが，これは景気の半年程度の過去，現在，そして，半年程度の未来を表すものと考えられている。

この他に，くどいくらい面倒な計算をして求める**景気総合指数**，あるいはCI（Composite Index）も発表されるが，こちらは景気の大きさやテンポといったボリュームを測って，DIを補うものである。だから，DIと同じ3系列の数字から計算されて3種類あり，指数の大きさ自体に意味があるものだ。

このような政府の発表の他に，日銀も景気の動向を示す調査を3カ月に一度発表して注目されている。これが**日銀短観**と呼ばれるものだが，正式には全国企業短期経済観測調査，と長い。この調査で日銀は全国8000社の企業から業況をどうみているかを聞き，景気がよいと答えた企業の割合を業況判断DIとして発表する。

内閣府も日銀も，指数の他に言葉で毎月景気判断を示すが，この言葉が素人には結構わかりにくい。景気に改善がない場合，「足踏み」とか「横ばい」とかいうが，「足踏み」の方が若干よいニュアンスがある。景気が上向いてくると，よくなる順番に，「強含み」「回復」「拡大」となる。逆に，景気が悪くなる度合が強いほど，「減速」「弱含み」「停滞」「低迷」「調整局面」と表現される。知らないとそうは思わないだろうが，「調整局面」は景気では最悪の表現なのだ。

ちなみにアメリカでは，これらの景気指標は，政府やFedではなく民間の機関が発表している。これも，経済が民間主導のアメリカらしいところかもしれない。景気動向指数や景気総合指数は，そもそもこれらを昔開発した元祖の

第15章　これからどうなる！

NBER（National Bureau of Economic Research）が発表する。これは民間の研究機関であり，誤解されがちであるが政府の部局ではない。

　日銀短観がアメリカにはない分，人々は Fed 議長の記者会見に注目するようだ。また，消費大国アメリカらしく，**消費者信頼感指数**も景気の動向を占うのによく引用される。この指数も，コンファレンスボードという民間調査会社が毎月発表しているものである。

コラム30　加速度原理について

　消費性向が0.8，資本係数が5のとき，昨年と一昨年の GDP がそれぞれ510兆円と500兆円であったとする。また，今年の政府支出と基礎消費を合わせると55兆円になるとする。企業が加速度原理に従って投資をするとき，今年の GDP はいくらになるか。

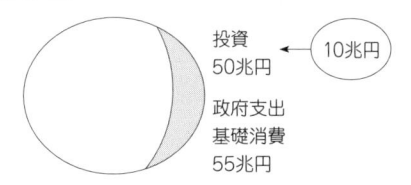

```
        投資
       50兆円  ← 10兆円
       政府支出
       基礎消費
       55兆円
```

　経済が成長しているとき，企業はそれに合わせて生産設備を増やそうとするであろう。そうしなければ，自社の製品への需要に応えられず，業界内でのシェアを失うことになるからである。企業がこれまでの GDP の伸びが今年も続くと考えてそれをカバーするように資本を増やすという見方を**加速度原理**と呼んでいる。

　ここの例では，昨年の GDP の増加は10兆円あったから，この伸びが今年も続けば，必要な資本は経済全体でその5倍の50兆円になる。企業が今年，その50兆円の投資をすると，それを政府支出や基礎消費の55兆円と合わせた105兆円を貯蓄性向0.2で割った525兆円が今年の GDP である。

　来年は去年と今年の GDP の伸び幅である15兆円の5倍である75兆円が投資額になる。このように景気が上昇しているときには投資額が加速度的に増えていくのである。

《著者紹介》

山﨑　好裕（やまざき・よしひろ）

1962年生まれ。
東京大学大学院経済学研究科博士課程修了，経済学博士。
現在　福岡大学経済学部教授，福岡大学大学院経済学研究科教授
主著　『おもしろ経済学史――歴史を通した現代経済学入門』（三嶺書房，1997年）
　　　『経済学の知恵――現代を生きる経済思想　増補版』（ナカニシヤ出版，2010年）
　　　『経済学オープン・セサミ――人生に得する15の奥義』（ナカニシヤ出版，2003年）
　　　『新版・おもしろ経済学史――歴史を通した現代経済学入門』（ナカニシヤ出版，2004年）
　　　『おもしろ経済数学』（ミネルヴァ書房，2006年）
　　　『入門　数理マルクス経済学』（ナカニシヤ出版，2019年）
　　　『キャリア・プランニング　あなたの未来をひらく「しごと学」講義』（編著，中央経済社，2006年）
　　　『マルサス書簡のなかの知的交流――未邦訳資料と思索の軌跡』（共編，昭和堂，2016年）
　　　『知的源泉としてのマルサス人口論――ヴィクトリア朝社会思想史の一断面』（共著，昭和堂，2019年）
　　　『埋もれし近代日本の経済学者たち』（共著，昭和堂，2018年）
　　　『イギリス経済思想史』（共著，ナカニシヤ出版，2004年）
　　　『基礎情報学――情報化社会への道しるべ』（共著，共立出版，2000年）
　　　『企業と社会の境界変容――組織の原理と社会形成』（共著，ミネルヴァ書房，1999年）
　　　S.D. コーエン『アメリカの国際経済政策――その決定過程の実態』（共訳，三嶺書房，1995年）

MINERVA TEXT LIBRARY ㉝
目からウロコの経済学入門

| 2004年11月20日 | 初版第1刷発行 |
| 2023年3月25日 | 初版第12刷発行 |

〈検印省略〉

定価はカバーに
表示しています

著 者	山﨑 好裕
発行者	杉田 啓三
印刷者	江戸 孝典

発行所 株式会社 ミネルヴァ書房
607-8494 京都市山科区日ノ岡堤谷町1
電話代表 (075)581-5191番
振替口座 01020-0-8076

© 山﨑好裕, 2004　　　共同印刷工業・坂井製本

ISBN978-4-623-04251-7
Printed in Japan

おもしろ経済数学
―――――――――――――――――― 山﨑好裕著　Ａ５判152頁　本体2200円

チンプンカンプンの公式，イマイチ馴染めないグラフも自分のモノになる！　経済学に登場する数学概念を丁寧に解説した，大学生のための入門テキスト。

テキスト経営学［第3版］
―――――――――――――――――― 井原久光著　Ａ５判368頁　本体3200円

●基礎から最新の理論まで　基礎用語や概念を整理しながら，ケーススタディなどを通じて学生やビジネスマン自身が考える機会を提供する経営学の入門書。最新の成果も取り入れ，立体的に学べるように編まれた。

目からウロコの文化人類学入門
―――――――――――――――――― 斗鬼正一著　Ａ５判192頁　本体2200円

●人間探検ガイドブック　「外見」で判断してしまう読者を，楽しい文化人類学の世界へ引きずり込む，わかりやすい入門書。文化人類学の見方・考え方をわかりやすく解説，当たり前を当たり前と思い込まない考え方が身につく。

目からウロコの宇宙論入門
―――――――――――――――――― 福江　純著　Ａ５判240頁　本体2400円

宇宙論，初歩の初歩。いま現在地上で生活している私たちにとって天文学がなんの役に立つのか，これまでどのようなことがわかった／わからなかったか，いまどのようなことがわかりかけているのか，それがわかるとなにが変わるのか――。人が地球と宇宙について考え始めて以来の宇宙観の変遷と，最新の宇宙像をわかりやすく解説する。

目からウロコの生命科学入門
―――――――――――――――――― 武村政春著　Ａ５判240頁　本体2400円

「細胞目線」で考えよう――。ボクたち，みんな生きている。生きているって，どういうこと？　進化って，突然変異って，DNAって何？　「生物学」の成り立ちと発展から説き起こす，わかりやすい「生命科学」の入門書。

―――――ミネルヴァ書房―――――
https://www.minervashobo.co.jp/